Despeja Tu Mente

Como Dejar De Pensar Demasiado, Vencer A Tu Crítico Interno, Y Replantear Tus Pensamientos Negativos Con Hábitos Saludables

LETICIA CABALLERO

Nota legal

El siguiente documento se reproduce a continuación con el objetivo de proporcionar información lo más precisa y confiable posible.

Esta declaración se considera justa y válida tanto por el Colegio de Abogados de los Estados Unidos como por el Comité de la Asociación de Editores y es legalmente vinculante en todo Estados Unidos.

Además, la transmisión, duplicación o reproducción de cualquier parte del siguiente trabajo, incluida la información específica, se considerará un acto ilegal, independientemente de si se realiza de forma electrónica o impresa. Esto se extiende a la creación de una copia

puede considerarse que hay un respaldo del titular de la marca comercial.

Tabla De Contenidos

Introducción

Los científicos e investigadores han estado estudiando el cerebro durante años, pero aún han concluido poco sobre la totalidad de lo que representa nuestra mente. Nuestros cerebros son los dueños de todo lo que hacemos y pensamos, comenzando cuando somos niños recién introducidos en el mundo. Las cosas que experimentamos, cómo aprendemos y nuestras percepciones y creencias son almacenadas por nuestro cerebro. Piensa en ello como un sistema informático: cuando recibes un teléfono o una computadora completamente nuevos, no tienen nada almacenado para comenzar. A medida que abres más páginas web y descargas más aplicaciones, la memoria de la computadora almacena estos procesos. Nuestros cerebros son iguales, excepto que no almacenan páginas web o aplicaciones; en cambio, almacenan recuerdos de nuestras vidas. Según cómo pensamos y qué hacemos a lo largo de nuestras vidas, se pueden almacenar diferentes cosas dentro del almacenamiento y los datos del cerebro. Este proceso es asombroso; sin embargo, con el tiempo, nuestras mentes pueden estar desordenadas porque no archivan ciertas experiencias de la vida en sus lugares adecuados, lo que promueve el estrés y el pánico. Este hecho se llama **desorden mental**.

El problema es que confiamos en nuestro cerebro para todo y confiamos en que hará su trabajo. Constantemente dependemos de nuestro cerebro para archivar recuerdos adecuadamente, memorizar fechas y nombres importantes y recordar los plazos que debemos cumplir. Cuando confiamos en nuestro cerebro para traer estos recuerdos a la superficie cuando los necesitamos, también le pedimos mucho, teniendo en cuenta que el cerebro ya es responsable de tantas otras funciones, como movimientos físicos, envío de hormonas a través del cuerpo y compartimentación, y separando los buenos pensamientos de los malos. Damos por sentado lo que hace nuestra mente y esperamos tanto de ella sin siquiera darle un descanso. Incluso cuando dormimos, nuestro cerebro procesa activamente todo lo que ha sucedido durante el día, incluidos nuestros eventos pasados y preocupaciones futuras, en forma de sueños. Pero, ¿qué pasaría si hubiera una manera de darle un respiro despertando nuestra mente para una mayor productividad y despejando el camino para una verdadera claridad y éxito?

En este sencillo manual, aprenderás cómo despejar tu mente para poder vivir una vida con claridad y potencial. Definirás los factores desencadenantes que te agobian e identificarás las razones por las que te sientes tan agotado y cansado todo el tiempo. Al aprender cuál puede ser el causante de tu desorden mental como vincularte con personas tóxicas y tu entorno, te darás cuenta de cómo puedes sobrepasar estos obstáculos para satisfacer tus necesidades. La mayor parte de lo que causa una mente desordenada es creer que estamos ocupados, o que tenemos hábitos tóxicos que desconocemos. En el primer capítulo, comprenderás las causas del pensamiento negativo y podrás identificar de dónde provienen tus pensamientos y preocupaciones. ¿Sientes que otras personas o circunstancias influyentes se interponen en tu camino? ¿Te sientes abrumado y bajo presión cuando llega el momento de concentrarte? ¿Te sientes empantanado y mentalmente insatisfecho y prefieres irte a dormir? A decir verdad, lo único que se interpone en tu camino eres tú mismo y adivina qué: tienes el poder de arreglarlo todo.

Entre el diálogo interno negativo, la crítica interna cruel, las preocupaciones excesivas, la presión de las redes sociales y la sociedad, y las tareas interminables que sientes que debes hacer, no es de extrañar que te hayas convertido en tu peor enemigo. A lo largo de este libro, aprenderás cómo superar las profundas presiones del universo, vencer a tu crítico interno y convertirte en un individuo con más amor propio y seguridad. La mayoría de tus problemas provienen de hábitos y patrones profundamente estructurados que has seguido casi toda su vida. ¿Estás listo para cambiar todo eso? ¿Estás preparado para comprometerte a ser un mejor tú? ¿Y quieres aprender y desafiar todas las formas en que puedes llegar a estar despejado mental, física y emocionalmente? Entonces has venido al lugar correcto. Sin embargo, no pienses al leer este libro que todos tus sueños se harán realidad, no lo harán a menos que te dediques y ponga el trabajo y el esfuerzo necesarios para cambiar. Todo comienza con una elección, y esa elección depende de tí.

Para el final de este libro, te prometo que tendrás una perspectiva más productiva, sabrás lo que quieres y cómo obtenerlo, y tendrás una bandeja de entrada más organizada tanto digital como mentalmente. Volver a cablear tu cerebro requiere esfuerzo, trabajo y motivación, que es lo que este libro probará en última instancia para ver si estás listo. Debes estar listo si estás cansado de sentirte agotado por el estrés que has estado asumiendo. ¿Has deseado la oportunidad de crecer? ¿Tu vida se siente demasiado ocupada como para molestarte en hacer alguna modificación? Este libro te hará cambiar de opinión, y solo tomará cinco minutos por día de tu tiempo obtener una perspectiva diferente. Imagínate que, al aprender estas técnicas de desorganización, lucharás contra tu depresión, saldrás de tu caparazón y, en última instancia, aprenderás a controlar tu mente sin que vuelva a controlarte.

Te mereces la felicidad. Te mereces amarte a ti mismo. Te mereces cuidar tu espíritu interno. Te mereces perdón y gratitud. Te mereces ser la mejor versión de ti mismo. Entonces, ¿por qué no comenzar ahora?

Capítulo Uno: Comprender El Desorden Mental: ¿De Dónde Viene?

D**esorden mental** es el término utilizado por muchos científicos expertos para definir que *tienes demasiado en mente*. Es la charla que tienes con tu crítico interno y los estímulos que tu cerebro está recibiendo de todo lo que te rodea. Este desorden mental puede causar serios problemas para tí y tu salud y podría ser la razón por la cual te has estado sintiendo tan agotado. ¿Sueles pasar tus días preocupándote y obsesionándote con las cosas hasta el punto de la locura? ¿Estás teniendo dificultades para mantenerte positivo? Si respondiste que sí, entonces probablemente significa que tu mente está abrumada por los estímulos. El trabajo, la escuela, las relaciones, las tareas, las compras y otros eventos importantes de la vida pueden volverse demasiado intensos para tu cerebro. Las personas que sufren trastornos como la ansiedad, la depresión, el TDAH, el trastorno obsesivo compulsivo y el TEPT suelen tener el mayor riesgo de tener una mente desordenada. Si no aprendes a **despejar** tu mente y a tomar un respiro de tu estrés, la afección puede empeorar y provocar negatividad permanente y un trastorno disociativo. ¿Ya eres negativo el 90% del tiempo? Entonces significa que puede que sea tiempo de encontrar la raíz del problema y despejar tu mente. Tiene sentido que incluso las personas *"sanas"* experimenten el desorden mental de nuestro mundo tecnológico en evolución y las listas de tareas pendientes interminables. Entonces, ¿cuáles podrían ser las causas?

A veces el problema es que estás acostumbrado a dejar de lado las cosas que sientes que no importan. Puede que pienses que las olvidarás con el tiempo, pero tu cerebro no lo hará.

Otras veces, el problema son las muchas decisiones que debes tomar en tu vida, y luego te preguntas continuamente sobre los caminos que se encuentran frente a ti. Pensar demasiado y escuchar a los resultados de tu crítico interno al posponer la decisión y la resolución de problemas, en última instancia, causa más desorden mental. Estas dos teorías por sí solas pueden retrasar tu cerebro porque los problemas se ejecutan constantemente en tu subconsciente. Cuando se evitan durante demasiado tiempo, el estrés se hace cargo, causando ansiedad, depresión y perfeccionismo con tareas sin importancia. Es posible que debas tomarte unas vacaciones mentales. El hecho es que si evitas asuntos esenciales durante el día, puedes perder el sueño por la noche. Cuando esta pérdida ocurre, es porque en el minuto en que tienes un *momento de tranquilidad*, tu cerebro se pone en marcha. Para solucionar este patrón poco saludable, debes comprender a tu crítico interno y lo que está desencadenando tu niebla mental. Otras causas incluyen escuchar a tus pensamientos negativos con demasiada frecuencia, postergar, sentirte culpable por tus fallas y evitar el problema en lugar de tratarlo.

Básicamente, el desorden mental gira en torno a:

- Un patrón de pensamiento negativo de "¿debería o no debería?" Y "¿Qué pasa si xxx?"
- Problemas para dejar el pasado o una decisión incorrecta
- Tareas inacabadas como enviar correos electrónicos importantes, responder a tu correo de voz, pago de facturas, etc.
- Preocupación infinita por cosas que no puedes controlar
- Baja autoestima que conduce al perfeccionismo y cuestionarte a ti mismo
- Ser muy autocrítico cuando no cumples con tus expectativas a la perfección.

¿Entonces, qué puedes hacer tú al respecto? Podemos comenzar aprendiendo los desencadenantes principales.

Disminuye El Nivel De Ruido De Tu Crítico Interno

El ruido mental es lo que yo llamo el crítico interno. Es la voz dentro de tu cabeza la que te critica, te intimida y te dice continuamente que nunca eres lo suficientemente bueno. Esta es una de las causas del desorden mental. Las críticas internas son el núcleo del pensamiento negativo y afloran cuando estás más tranquilo y cuando hay muy pocas distracciones a tu alrededor. La mayoría de las personas evitan sus pensamientos e intentan distraerse y silenciar sus voces. Nunca funciona ya que la voz se vuelve más fuerte más tarde y dicta la mayoría de tus decisiones. Lo mejor que puedes hacer es escuchar lo que tu crítico interno te está diciendo, luego desafiarlo y hacerle preguntas como **por qué**, **qué** y **cómo**.

Dilación

Dilación significa evitar o prolongar una tarea que debe hacerse. Cuando hay que hacer algo, como clasificar las facturas o trabajar en una presentación, algunas personas lo evitan trabajando en otras cosas. De esa manera, pueden sentirse mejor postergando porque pueden usar la otra tarea como excusa. Pero, solo porque estén ocupados haciendo otras cosas no significa que las distracciones sean más importantes que la tarea que están evitando. Al principio, puedes postergar las tareas pequeñas, pero con el tiempo, evitar las tareas cotidianas mientras realizas las más pequeñas eventualmente hará que descuides los proyectos más importantes. Lo que puede que no te dés cuenta a través de este proceso es que tu cerebro almacena cada trabajo que tienes, lo que causa desorden mientras más demoras esas tareas. Lo mejor que puedes hacer es no posponer las cosas. Te sentirás mucho mejor cuando la tarea esté completa y perderás menos tiempo.

Evitar Ponerte Al Día Contigo

Al igual que la dilación y perder el tiempo, evitar la tarea no significa que la tarea no to esté evitando a tí; te alcanza a través de tu crítico interno. Por ejemplo, supongamos que alguien te prestó dinero hace un tiempo. Pasan unos meses y cada vez que recibes un cheque de pago, tu cerebro te envía un recordatorio de que le debes dinero a alguien. Luego te convences de que probablemente ese alguien no lo esté esperando. Es posible que la persona te haya dicho que te tomes tu tiempo, por lo que te dices a tí mismo que hay otras cosas esenciales que debes comprar en ese momento. Pasa otro mes, luego, finalmente, un año, mientras tu crítico interno te dice que todavía debes ese dinero. Aquí es donde evitar el tema no te evita a ti. Ahora digamos que le debes dinero a varias personas, o tienes muchas tareas sin terminar; una mente desordenada está llena de estos proyectos "inacabados" o ideas no organizadas.

Si no aprendes a despejar tu mente, eventualmente terminarás con angustia mental y un mundo de negatividad porque no puedes escapar de los factores desencadenantes del desorden. Cuando notes que estás evitando o perfeccionando algo, descubre por qué. Cuando notes que tu crítico interno se está volviendo más fuerte, lucha contra el impulso de evitarlo y escúchalo. Lentamente despeja tu mente al realizar las tareas críticas que necesitas hacer.

¿Por Qué Pensamos Tan Negativamente?

Muchos trastornos mentales, como la ansiedad, la depresión, el trastorno de estrés postraumático (PTSD) y el trastorno bipolar provienen de una visión amplia de una **perspectiva negativa**. Todos tienen pensamientos negativos de vez en cuando. Sin embargo, cuando los patrones de pensamiento negativo controlan nuestras mentes, puede ser muy debilitante.

El pensamiento negativo puede causar estrés innecesario, mayores problemas cardíacos y un bienestar general no saludable. Es difícil definir qué es el pensamiento negativo porque, para algunas personas, es una forma de vida. Algunas personas piensan demasiado, se obsesionan, se preocupan por situaciones completamente fuera de su control y temen el fracaso. Algunos ponen demasiado a sus espaldas debido a su naturaleza empática interna. Estar atrapado en un ciclo donde los pensamientos y emociones negativas se repiten constantemente hace que pensar pueda convertirse en un problema. Entonces, ¿qué hace que alguien sufra tales patrones de pensamiento negativos?

Miedo a Lo Que Podría Suceder

Nunca podemos saber realmente lo que nos espera, y quizás es por eso que tanta gente le teme al futuro. Una cosa es tener miedo de lo que puede deparar el destino y algo completamente diferente cuando dejas que el miedo se apodere. Los pensadores negativos a menudo **catastrofizan** todo, lo que significa que predicen lo que sucederá y saben con seguridad que algo terrible podría suceder. No hay una forma segura de librarse de preocuparse por el futuro; sin embargo, superar estos miedos es cambiar tu perspectiva. No puedes controlar todo, pero lo que puedes controlar está aquí, en este momento.

Ansiedad Por El Ahora

Cuando nos enfocamos en el presente, es difícil ignorar la crítica interna que a menudo causa ansiedad y dolor. Muchas personas se estresan por las pequeñas cosas como su desempeño laboral actual, la calidad de su cena o sus habilidades de crianza. Un pensador negativo podría estar completamente en el momento, pero luego pensar en el peor escenario en cada situación. Pueden pensar que les está yendo fatal en su trabajo, lo que los hace intentar mejorar, incluso si su desempeño ya era excepcional y hacer más les causaría daño a largo plazo. Podrías sentarte en el tráfico y pensar: "Los maestros de mis hijos deben pensar que soy terrible por llegar tarde a recoger a mis hijos todos los días". Hay una diferencia entre *seguir la corriente* y *obsesionarse* con cada momento. Seguir la corriente es tu mejor opción para superar estos patrones de pensamiento negativo cuando tratas de ser mejor contigo mismo.

Lamentarse Por Los Errores Del Pasado

Como todos somos humanos, siempre habrá algo que creemos que podríamos haber hecho mejor. Siempre habrá momentos en los que recordemos algo y lamentemos las decisiones que tomamos en ese entonces. Sin embargo, a diferencia de aquellos que siguen adelante, los pensadores negativos se obsesionan con el pasado tan a menudo que se molestan con frecuencia por sus historias. En lugar de detenerte en el pasado, aprende de él y date cuenta de que se necesita fracasar para convertirte en quien quieres ser. La mejor manera de combatir el pensamiento negativo, ya sea sobre el futuro, el presente o el pasado, es entenderlo en su núcleo. Cuando puedes hacer eso, puedes aprender cómo cuestionar a tu crítico interior y saber qué desencadena tus pensamientos negativos que conducen al desorden mental.

Ocho Patrones De Pensamiento Negativo Poco Saludables

Veamos esto desde una perspectiva externa. ¿Alguna vez has sido amigo o conocido de alguien que parece tener una suerte horrible todo el tiempo? O tal vez te has encontrado con personas que se quejan de su vida y sus circunstancias, pero no hacen nada para cambiarla. Tal vez incluso hayas presenciado el intento de cambiar de alguien, pero aún así siempre estaba deprimido, ansioso y cínico acerca de todo. Esto se debe a que sus patrones de pensamiento se han convertido tanto en una segunda naturaleza que no supo que eran negativos. Ahora, cambiemos la perspectiva a tu propia vista. Cuando haces algo con la frecuencia suficiente para que se convierta en una segunda naturaleza, puedes sentirte como la víctima en la mayoría de los aspectos de tu vida. Nuevamente, esto se debe a que has desarrollado los patrones de pensamiento negativo que ahora se han convertido en hábitos diarios de los que no puedes escapar. A nadie le gusta estar cerca de personas que son negativas, por lo que si descubres que no tienes muchos amigos, es posible que tu actitud y ver tus patrones.

Como pensador negativo, puedes sentirte perfeccionista, agotado por pensar demasiado o tener dificultades para concentrarte. La resolución de problemas y la toma de decisiones se vuelven más difíciles porque constantemente te preocupa el resultado, no el enfoque. Como resultado, te abruma mentalmente y te agobia el estrés; para hacer frente a tu ansiedad, evita tomar decisiones por completo. Ahora estás en una espiral descendente porque se te han ocurrido otras tareas y todo lo que puedes ver son problemas que se acumulan sin soluciones.

¡Anímate! Esta es tu mente atrapandote dentro de tu crítico interno, que aprovechará tu vulnerabilidad. Los siguientes son algunos patrones de pensamiento con los que casi todos los pensadores negativos luchan.

Catastrofización

Llego tarde a mi cita, y ahora tendré que pagar por no haber podido llegar a tiempo. No puedo permitirme gastar cientos de dólares, así que tal vez no debería ir.

Catastrofizar es cuando predices lo que sucederá y luego te obsesionas sobre cómo podría salirse completamente de control. A partir del ejemplo indicado, el escenario podría escalar y hacerte pensar en todas las demás facturas y deudas que acumulas, lo que te haría reflexionar sobre cosas que te dan miedo sobre tu futuro. Desde llegar unos minutos tarde a una cita puede pasar a no poder poner comida en la mesa para sus hijos, luego que te los quite servicio social y, finalmente, dejarlos sin hogar. Esto es catastrófico.

Evitar o Minimizar

Si no hablo durante la reunión, no tengo ninguna posibilidad de decir algo mal, entonces no me avergonzaré. El resultado de esto es que evitaré la posible vergüenza.

Este patrón de pensamiento es un mecanismo de afrontamiento para que los pensadores negativos minimicen un evento para no tener que enfrentarlo. Fingen que no hay un problema, como si el problema se solucionará solo. El ejemplo indicado proviene de una persona que teme vergüenza en el trabajo, por lo que evita la actividad que podría empujarlos más en su carrera para evitar la ansiedad en torno al otro resultado. Están **minimizando** su salud e **ignorando** el hecho de que tienen un problema.

Debería / No Debería

Debería haber estudiado más duro o estar mejor preparado; tal vez entonces hubiera recibido ese aumento que recibió mi compañero de trabajo.

No debería haber usado esos pantalones blancos; ahora nunca les quitaré esa mancha.

Esta trampa de pensamiento hace que una persona se sienta inadecuada porque debería haber hecho o no haber hecho algo. A los pensadores negativos les gusta inventar excusas de por qué no pueden hacer algo en lugar de por qué pueden hacerlo, por lo que pueden usar el **patrón de pensamiento debería** como una razón por la cual no pueden hacer algo. Por ejemplo: "Probablemente debería ayudar a mi madre con su perro, pero no puedo porque debería hacer cosas en la casa". La trampa de pensar en lo que debería, le da a la persona su propio razonamiento personal para que no tenga que tomar responsabilidad por las cosas que necesita hacer, lo que lleva a técnicas de dilación y posiblemente a la larga, a la depresión. La afirmación del debería, es una excusa para permanecer atrapado en el marco mental del perfeccionismo, creyendo que debería ser más inteligente, más valiente, más bonito, etc.

Toma De Decisiones Irracionales

Me duele lo que me dijo mi pareja, así que romperé con ella lo antes posible.

La **toma de decisiones irracionales** proviene de actuar por impulso debido a cómo te sientes. El hecho es que cuando eres emocional, tu mente racional queda en segundo plano, lo que da como resultado que la mente intuitiva se haga cargo. A veces, la mente intuitiva es útil, pero si eres emocional, el flujo sanguíneo puede ir a tus músculos en lugar de a tu cerebro, provocando una *respuesta al estrés* (en el próximo capítulo aprenderemos las respuestas al estrés con más detalle). Con menos flujo de sangre en tu cerebro, actuar por impulso debido a tus emociones se siente como la mejor respuesta a tus problemas actuales. Como resultado, terminas lamentando o sintiéndote avergonzado de tus impulsos más adelante, lo que podría inducir a desconfiar de ti mismo para resolver problemas más adelante.

Todo o Nada / Blanco o Negro

Me dijeron que no soy lo suficientemente bueno, lo que significa que definitivamente no soy lo suficientemente bueno.

Fallé en la prueba de mi licencia de conducir, así que eso significa que soy un fracaso.

El **pensamiento blanco o negro** no deja espacio para áreas grises en el medio. Es de una forma o de otra, lo que tampoco deja lugar a errores. También conocido como el todo o nada del pensamiento, ejerce presión sobre ti mismo para mantenerlo atrapado en la mentalidad de "No soy lo suficientemente bueno". Esta trampa de pensamiento cognitivo no te ayudará a menos que estés en una crisis de vida o muerte donde no hay tiempo para pensar.

Un Crítico Interno Cruel

No tengo una relación, así que debo ser gordo y feo.

No puedo dejar de beber, no me sorprende que a nadie le guste.

El **crítico interno** es ruidoso, molesto, malo y tu propio matón personal. ¿Qué hacemos con los matones? Los reconocemos pero no participamos en sus insultos. El diálogo interno negativo es un gran factor de depresión porque la persona cree que no tiene valor y se siente incompetente. Cuando continuamente te dices cosas negativas sobre ti, emites un aura poco atractiva y derrotas a los demás. Como resultado, las personas no se acercan a ti con frecuencia, lo que solo justifica que lo que tú te dices regularmente, haga que el hábito negativo se vuelva un espiral.

Lectura De La Mente

Mi padre me dijo que necesitaba salir más de la casa. Debe pensar que soy una bolsa de papas.

Mi amiga no me ha llamado en más de setenta y dos horas cuando generalmente me llama todos los días. Ella debe odiarme.

La **trampa cognitiva de lectura de la mente** es una falacia en la que asumes que sabes lo que otros piensan de ti. Crees que cuando alguien te critica, o cuando algo está fuera de lugar, debe ser tu culpa. Leer la mente es cuando no tienes evidencia o validación segura de que alguien está pensando mal sobre ti, pero asumes que sabes lo contrario. De lo que quizás no te dés cuenta es de todos los otros factores que pueden haber entrado en juego más allá de esa interacción; claro, tu padre pudo haberte sugerido que salgas de la casa, pero es porque te ama y quiere verte salir. Tal vez tu amiga no te ha llamado porque perdió tu número.

Sacar Conclusiones

Mi teléfono ha desaparecido, por lo que alguien debe habermelo robado.

Similar a la trampa cognitiva de lectura mental y catastrófica, **sacar conclusiones** es un patrón de pensamiento negativo que puede dejarte atrapado en un ciclo. El hecho de que tu teléfono desapareció no significa necesariamente que alguien lo haya tomado; podría significar que está extraviado o lo dejaste en algún lugar sin recordar dónde lo tuviste por última vez. Llegar a conclusiones es uno de los primeros patrones cognitivos a los que recurre tu cerebro cuando estás en modo de pánico como mecanismo de defensa ante la respuesta al estrés. Primero, al predecir sabemos lo que alguien está haciendo o diciendo sobre nosotros; y segundo, al predecir nuestro futuro y los resultados de nuestras decisiones. Esto puede causar más ansiedad y miedo, lo que nubla nuestras visiones de éxito y oportunidades.

Memoriza estas distorsiones cognitivas porque cuando conoces su desencadenante, puedes comenzar a superar sus patrones negativos. El siguiente paso es cuestionar a ese crítico interno y cuidar mejor tu bienestar mental para que puedas confiar en ti mismo para tomar las decisiones correctas. El desorden mental se nutre de la negatividad y los problemas de baja autoestima, como tener mucho que hacer, entre otros problemas.

¿Por Qué Debemos Utilizar El Pensamiento Positivo Para Nuestra Ventaja?

El pensamiento positivo y negativo se basan únicamente en tu perspectiva y en cómo ves las cosas. Por ejemplo, si el vaso está en la etapa intermedia, ¿lo ves como medio lleno o medio vacío? Esta pregunta es una manera perfecta de ver si alguien piensa positiva o negativamente. La verdad sobre la forma en que pensamos y nuestras percepciones es que cuando nos sentimos positivos, ponemos buenas vibras en el universo. Cuando pensamos negativamente, desarrollamos un aura pobre a nuestro alrededor que no es atractiva. Lo que ponemos en el mundo, lo recuperamos diez veces por el universo. Por ejemplo, si estamos atrapados en el tráfico y llegaremos tarde a la cita con el médico, podemos elegir soñar los peores escenarios que pueden producir una respuesta al estrés, o podemos decidir ir en contra de estos pensamientos. La respuesta al estrés nos alimenta de ansiedad y altera nuestras habilidades para resolver problemas, lo que puede causar que las catástrofes reales estén fuera de nuestro control. Sin embargo, si elegimos pensar positivamente, nos calmamos y tomamos decisiones más racionales. Como resultado, el universo nos recompensa con buena suerte y oportunidades afortunadas para el crecimiento personal. Dicho esto, podemos suponer que nuestros pensamientos impulsan nuestro comportamiento, definiendo finalmente nuestro resultado.

El pensamiento positivo no se trata solo de pensar en positivo o implementar buenos pensamientos en tu mente, ni se trata de ver el mundo a través de un vidrio transparente y pensar que una rosa no tiene espinas. Se trata de lidiar con las complicaciones de la vida con un estado mental positivo, comprender que sucederán eventos estresantes y no permitir que estas complicaciones se apoderen de nuestras mentes. No necesitas evitar todo lo malo para vivir una vida positiva y satisfactoria. En cambio, debes reconocer cada fracaso como una oportunidad y cada situación como una posibilidad de cambio. La positividad se trata de convertir los eventos adversos en una perspectiva positiva.

Una persona positiva en general experimentará una lista de beneficios, que incluyen:

- Longevidad
- Disminución de la cantidad de estrés
- Más tiempo de inactividad
- Menor probabilidad de depresión y ansiedad
- Mejora para resolver problemas y tomar decisiones importantes
- Más felices y más seguridad
- Mayor bienestar físico y mental

Los pensadores positivos entienden que somos todos humanos, por lo que dejan espacio para errores y dan la bienvenida a un yo imperfecto. No hacen que sus expectativas sean demasiado altas y no reaccionan impulsivamente. La positividad conduce a la confianza, alta autoestima y autoestima, entre muchos otros aspectos que giran en torno a la personalidad.

En última instancia, una mente desordenada se esconde dentro de los detalles de una mentalidad negativa. A medida que leas los contenidos de este libro, comprenderás que una mente desordenada no se trata solo de cómo piensa alguien (positivo o negativo), sino más acerca de cómo decides vivir tu vida en función de tu proceso de pensamiento. Casi todo puede hacer que la mente se vea abrumada por el desorden mental. Si has pospuesto tareas importantes, o tu espacio de trabajo es desordenado, o tu vida está ocupada con niños, familias y una relación duradera, estas cosas pueden tener un impacto significativo en tu salud mental. Además de vivir un estilo de vida activo, vivimos en un mundo lleno de tecnología y personas tóxicas que pueden agotar nuestras mentes rápidamente.

Capítulo Dos: El Vínculo Del Estrés y El Pensamiento Negativo Con El Desorden Mental

¿Sabías que tus pensamientos juegan un papel en cómo te sientes? El pensamiento negativo puede conducir a sentimientos negativos que finalmente conducen a experiencias negativas. A menudo, nuestros pensamientos y emociones afectan nuestro comportamiento. ¿Alguna vez te has preguntado por qué coqueteaste con la pareja de tu amigo o por qué no hablaste cuando querías? Eso es porque hay una conexión más profunda entre estos aspectos de nuestras vidas.

Se forman pensamientos en nuestras mentes sobre las experiencias que atravesamos, tomando toda la información que recibimos y luego etiquetándola como buena o mala. Nuestras mentes actúan como una puerta de entrada para esta información y luego, en función de cómo lo pensamos, nuestro cerebro determina si la información que tomamos es relevante. Estos pensamientos que se forman alrededor de nuestras experiencias se convierten en creencias que afectan cómo nos sentimos sobre situaciones particulares.

Los sentimientos son la respuesta que recibimos después de pensar en algo. La mejor manera de explicar esto es tomando una idea simple como

"Tengo hambre" y pensando de dónde vino ese pensamiento. Las personas pueden tener hambre debido a un día agotador o simplemente porque no han comido en mucho tiempo. Tener hambre puede surgir de estar enojado, emocional o tener un día ocupado. Por lo tanto, la forma en que sentimos sobre tener hambre podría causar enojo, tristeza o satisfacción dependiendo de la razón por la que el pensamiento vino a la mente en primer lugar.

Los comportamientos provienen de una combinación de estos pensamientos y sentimientos. La razón por la que podemos actuar por impulso es que dejamos que nuestras emociones se hagan cargo. Los pensamientos que persuaden nuestras elecciones se basan en por qué trabajamos en nuestro razonamiento lógico. Entonces, cuando tienes una idea de tener hambre, tienes un sentimiento ligado a ese pensamiento. Como un curso de acción, luego vamos a la tienda o a nuestras alacenas y hacemos comida. Si estamos tristes y molestos, podemos buscar alimentos reconfortantes como el azúcar sin procesar. Si estamos enojados, podríamos querer algo grasiento. Sin embargo, la satisfacción nos deja con muchas opciones.

Basado en ese simple ejemplo de "Tengo hambre", tus pensamientos pueden afectar a tus sentimientos, y luego tus comportamientos tendrían lugar para resolver el problema. El problema con el pensamiento negativo es que generalmente nos hacen sentir deprimidos y molestos con nosotros mismos o con nuestro entorno, lo que casi siempre bloquea nuestro razonamiento lógico. A partir de eso, tenemos acciones impulsivas como un método para solucionar el problema. Cuando actuamos por un impulso derivado de nuestras emociones, no sólo nos lastimamos a nosotros mismos sino también a las personas que nos importan. A veces el resultado es que nos dejan solos, lo que solo justifica los pensamientos negativos que nos decimos. Si te encuentras en esta posición, comienza a tomar nota mental de tus pensamientos antes de definir cómo te siente y qué acción obtendrás de esa experiencia; puede que descubras que tus pensamientos son la raíz de la mayoría de tus problemas. A medida que leas este libro, aprenderás nueva información sobre cómo los pensamientos pueden abarrotar tu mente y las formas de superar la negatividad en tu vida.

Nuestras mentes son increíblemente poderosas, especialmente cuando las alimentamos con positividad y habilidades para el crecimiento personal. También se ha dicho que para mantener estas habilidades aprendidas, como las matemáticas y el lenguaje, debes continuar practicándolas. Steve Maraboli dijo: "Una vez que tu mentalidad cambia, todo lo que esté afuera cambiará junto con ella", lo que significa que con lo que alimentas tu mente es lo que recibirás, y lo que le das al universo volverá a ti en tu karma. Lo que piensas, en última instancia define tu resultado, convirtiéndolo en tu realidad. Por ejemplo, si crees que no eres lo suficientemente bueno, comenzarás a sentirlo también. Como resultado, aflojarás en las cosas en las que no eres bueno y no pondrás tanto esfuerzo en las cosas en las que eres bueno. Estas son más justificaciones para tus pensamientos y sentimientos actuales, haciéndote creer aún más que no eres lo suficientemente bueno. Es un círculo vicioso.

Si este ciclo continúa, se produce un trastorno conocido como *disociación*. La **disociación** es la forma en que tu cerebro te dice que ya es suficiente y se apaga, desconectándote de lo que está sucediendo y dejándote con **niebla mental**. Puede suceder cuando evitas tus pensamientos negativos y los dejas de lado sin tratar con ellos. El caos evita que la ansiedad y el desorden mental te abrumen como un mecanismo para sobrellevar el estrés. Mientras que alguien tiene disociación, puede mostrar síntomas tales como:

- Deambular por la mente o parecer "fuera de sí".
- Miradas en blanco.
- Mirada nebulosa.
- Una realidad distorsionada (como si tu

entorno ya no fuera real).

- Una falta de control o sensación de que tú no estás controlando tus movimientos o pensamientos
- Desapego de tu identidad y tu personalidad
- Sentirte fuera del cuerpo
- En general desconectado

Cuando evitas tus pensamientos negativos el tiempo suficiente, estos síntomas, entre muchos otros, pueden surgir; sin embargo, el trastorno de disociación es algo que puede aparecer sin previo aviso. Esto significa que aunque puedes evitar tus pensamientos negativos, no puedes escapar del trastorno de disociación. Algunas personas no notan estos síntomas, mientras que otras sí, lo que puede afectar significativamente su capacidad para lidiar con el miedo y enfrentar un trauma. Hay formas de lidiar con la disociación, como aprender **técnicas de conexión a tierra**, llamadas así porque en su mayoría giran en torno al regreso individual a la realidad. Algunas técnicas tienen al individuo enfocándose en una conversación actual o haciendo contacto visual directo. Si no hay nadie presente en el momento de un episodio de disociación, pueden prestar atención a cómo su cuerpo toca una superficie, o a cómo sus pies descansan en el suelo. El individuo puede contar los azulejos en el piso, cerrar los ojos y escuchar lo que hay a su alrededor, o encontrar diez cosas azules en la habitación.

Aunque el trastorno de disociación es fácilmente manejable, la mejor manera de evitar el diagnóstico es dejar de evitar tus pensamientos. Aprenderás más sobre cómo prevenir la disociación en el capítulo cuatro.

¿Qué Hace Que El Estrés Sea Tan... Estresante?

Una mente desordenada puede ser estresante, y si combinas el estrés mental con el trabajo y el estrés de la vida, tienes el triple de la carga. ¿Hay algún momento en el que te preguntes por qué luchas con ataques de pánico, tienes un episodio depresivo o te sientes fuera de él sin ninguna razón? Puede ser debido a la respuesta al estrés que ocurre cuando tu cuerpo y mente están a toda marcha. **La respuesta al estrés** ocurre cuando las hormonas cortisol y adrenalina aumentan a través de tu cuerpo, causando que se vuelva loco. La respuesta al estrés es la forma en que tu cuerpo te protege cuando se percibe una amenaza, racional o irracional.

Otro nombre para la respuesta al estrés es la **respuesta de pelea o huye**, que es una sensación incómoda; sin embargo, durante una pelea real, podría salvarte la vida. La liberación de los químicos cortisol y adrenalina pueden ayudarte a correr más rápido, golpear más fuerte, tener reflejos más rápidos y mantenerte alerta y en guardia.

El estrés no es del todo malo, ya que puede ayudarte a vencer tus debilidades, levantarte contra viento y marea y mantenerte alerta. Sin embargo, si tienes demasiado estrés, puede afectar todos los aspectos de tu vida. Esto puede deberse a que nuestras mentes están demasiado ocupadas, tenemos una vida acelerada o estamos escuchando a nuestro crítico interno. Cuando aprendes a relajarte, puedes disminuir tu estrés y vivir la vida a tu máximo potencial. Aprender a relajarse puede incluir respirar en situaciones traumáticas, mantener límites firmes y tratar a las personas tóxicas de manera saludable. El estrés crónico es una sensación constante de incapacidad para relajarse y la creencia de que no puedes escapar de los problemas de tu vida. Es cuando tienes demasiadas cosas mentales y físicas, matando tu espíritu y provocando estrés crónico si no se trata. Algunas personas son mejores para manejar situaciones estresantes que otras, pero eso se debe principalmente a que han aprendido a reaccionar en escenarios dramáticos.

El estrés crónico puede conducir a muchos problemas de salud, tales como:

- ansiedad y trastorno de pánico
- Trastornos del sueño

- Depresión
- Problemas digestivos
- Enfermedades del corazón
- Infertilidad o problemas de embarazo
- Dificultades cognitivas y de memoria
- Pérdida o aumento de peso inesperados

Muchas personas no se dan cuenta de la cantidad de estrés que sufren. se convierte en una forma de vida para ellos. Al principio, tal vez una factura se atrasa, luego tal vez llegas tarde a trabajar demasiadas veces, y ahora estás en libertad condicional. A partir de ahí, puedes descubrir que siempre estás en movimiento, contestando demasiadas llamadas telefónicas, escuchando las demandas de tu pareja e hijos, entre varios otros factores estresantes de la vida. Este estilo de vida puede generar una carga de estrés abrumadora, especialmente si no hay tiempo para ti. Es posible que no notes que estás estresado, pero puedes comenzar a ver síntomas que te pueden pesar aún más. Aquí hay una tabla de muchos síntomas comunes de estrés:

Síntomas Cognitivos	**Síntomas Emocionales**
• Falta de memoria • Pensamientos acelerados y crueles • Sobrepensar problemas • Preocupación obsesiva • Problemas de concentración	• Depresión o tristeza abrumadora y soledad • Ansiedad e irritabilidad todo el tiempo • Ciclotimia constante • Auto-aislamiento

Síntomas Físicos	**Síntomas Conductuales**
• Dolores y molestias no diagnosticados • Problemas digestivos como estreñimiento o diarrea • Inestabilidad intestinal como gases constantes o hinchazón	• Comer mucho de manera no saludable o nada en absoluto • Sentirse siempre fatigado debido a dormir demasiado o no lo suficiente • Usar drogas

• Dolor de pecho e incremento de ritmo cardíaco • Líbido baja • Síntomas de gripe y resfrío	alternativas para afrontarse como cigarrillos o alcohol • Hábitos poco saludables como comerse las uñas, ir y venir o intranquilidad • Retirarse de actividades sociales • Dilación

Si has notado alguno de estos síntomas, puede deberse a una sobrecarga o estrés crónico en tu vida. Da un paso atrás y piensa en cómo estás viviendo tu vida para que puedas evaluar tu situación y arreglarla. La causa principal del estrés depende del individuo, ya que cada uno trata el suyo de manera diferente. Por ejemplo, una persona puede sentirse ansiosa por levantarse y hablar frente a una gran multitud, mientras que otra persona puede florecer en la atención que recibe durante una presentación.

Por otro lado, esa misma persona que teme a los grupos puede no tener problemas para estar sola, mientras que el otro individuo puede necesitar una socialización constante. Algunas personas prosperan ante la presión y la ansiedad, mientras que otras no lo hacen bien bajo presión. Las causas del estrés crónico pueden incluir:

- Cambios en la vida
- Problemas de relación
- Ser entrometido
- Niños y familia
- Finanzas
- Una crítica interna cruel
- Incapacidad para aceptar el cambio y lo desconocido
- actitud de blanco o negro

Entonces, ¿cómo puedes saber si tienes demasiado estrés en tu vida? Las siguientes son algunas cosas a tener en cuenta cuando te enfrentas a síntomas de estrés:

Las Personas En Tu Vida

Si tienes un grupo de personas que te apoyan y te alientan, como familiares cercanos y relaciones interpersonales, es posible que no te estreses tan a menudo sobre cosas que otros hacen. Por otro lado, si te has alejado de las personas para hacer frente a la cantidad de estrés en tu vida, puede conducir a una incapacidad para manejar más presión. Debes tener cuidado con la compañía que tienes porque puedes tener muchas personas en tu vida, pero algunas de esas personas podrían estar drenando energía de tí. Esto se suma a tu desorden mental y negatividad, lo que finalmente resulta en más ataques de pánico y un mayor riesgo de depresión y enfermedad mental.

Capacidad De Control

Dicen una cosa sobre el control: siempre tienes el control. No puedes determinar o exigir cosas de los demás y esperar que escuchen; sin embargo, puedes controlar cómo actúas, piensas, sientes y percibes una situación. Cuando tienes un control completo o sientes que tienes control sobre los aspectos de su vida, los desafíos se vuelven más fáciles y conducen a menos estrés y ansiedad. Si presumes que no tienes control sobre tu vida y siempre escuchas los juicios de los demás, la carga de la vida y todos sus factores estresantes te controlarán.

Confianza y Positividad

Recuerda, tu perspectiva de la vida juega un papel importante en la presión que sientes. Desarrollar la confianza y ver las cosas tan positivas como puedan ser (dada tu situación) te permite controlar mejor tus factores estresantes. La negatividad y la baja autoestima te hacen sentir vulnerable y enojado, por lo que la capacidad de "reírte de ti mismo" en una situación difícil es escasa. La risa es la mejor medicina para cualquier problema relacionado con circunstancias dramáticas, por lo que debes aprender a seguir la corriente si quieres mejorar tu control del estrés.

Emociones

Algunas personas luchan con sus sentimientos y más aún si están naturalmente ansiosos o de mal humor. Otros saben cómo calmarse a través de la frustración y el conflicto. Las personas que luchan para calmarse en situaciones difíciles son las que sufren de un aumento de la frecuencia cardíaca y pensamientos acelerados. Estos síntomas conducen al estrés crónico si el individuo no puede aprender a manejar sus arrebatos emocionales. Con frecuencia, estos individuos no notan que sus emociones aumentan, por lo que las cosas se tuercen, lo que puede conducir a problemas de comportamiento. Se trata de cuán consciente eres de los sentimientos que pueden conducirte a una mayor capacidad de recuperación y menos presión durante el conflicto.

Hay varias estrategias más que puedes usar para

disminuir tu estrés, además de las mencionadas anteriormente. El ejercicio es una excelente liberación para el equipaje emocional; la conexión con los demás puede aliviarte de la tristeza; y aprender a meditar puede aliviar los comportamientos acumulados a través del conflicto. Aprenderás más sobre estos métodos en el capítulo cuatro.

¿Qué sucede realmente Durante La Respuesta Al Estrés?

Las tres hormonas que juegan un papel en la liberación de los síntomas de respuesta al estrés en tu cuerpo son la **adrenalina**, el **cortisol** y la **noradrenalina**. Cuando un mensaje de texto tardío de tu ex notifica a tu teléfono, tu corazón se salta un latido. Cuando recibes una llamada del hospital, tu estómago da un vuelco justo antes de responder: estos aleteos son tu **sistema nervioso parasimpático** que reacciona a tus experiencias, también conocido como tu respuesta de lucha o huye. ¿Alguna vez te has preguntado qué te causó un nudo en la garganta cuando escuchaste que sucedió algo inesperado? ¿Qué pasa detrás de escena? Es la oleada de esas tres hormonas que atraviesan tu cuerpo, lo cual, si no se maneja a través de la respiración profunda o la estimulación de la conciencia emocional, puede causar un ataque de pánico completo.

El Sistema Límbico

Dentro del cerebro, tienes varias partes que absorben información como el hipocampo, la amígdala y el hipotálamo. El **hipocampo** trae tus experiencias y las convierte en recuerdos a corto plazo. Después de que tu memoria ha sido procesada, el hipocampo envía estas experiencias a la **amígdala** que archiva los recuerdos en su lugar correspondiente. La amígdala luego señala el **hipotálamo**, que envía hormonas a través de tu cuerpo dependiendo de cómo te sientas acerca de tus experiencias; Por ejemplo, la *serotonina* es una hormona que se libera cuando sucede algo positivo. La serotonina ayuda a nuestros cuerpos a sanar más rápido y se considera la hormona de "sentirse bien". Estas tres regiones del cerebro son lo que llamaríamos **el sistema límbico**, y es importante comprender el sistema límbico antes de aprender sobre las hormonas del estrés. Si creemos que estamos en peligro o amenazados, el hipotálamo liberará **adrenalina**, **cortisol** y **noradrenalina**. Estas tres hormonas que libera nuestro hipotálamo ayudan a nuestros cuerpos a combatir el peligro y nos dan la capacidad de concentrarnos en una cosa a la vez y tomar decisiones rápidas sobre el impulso. Entonces, ¿qué hacen estas hormonas?

Adrenalina

Esta hormona es el núcleo del sistema de respuesta de *lucha o huye* que sentimos cuando creemos que estamos en peligro. El hipotálamo produce adrenalina a través de las glándulas suprarrenales una vez que la amígdala recibe un mensaje del hipocampo que dice que está en peligro o estresado. Juntas, las hormonas *adrenalina* y *norepinefrina* causan reacciones inmediatas como aumento del corazón, respiración irregular y visión de túnel. La adrenalina te da la capacidad de correr más rápido, luchar más y esquivar más rápido. También te ayuda a enfocar tu atención en tu objetivo, sin importar cuál sea.

Norepinefrina

Al igual que la *adrenalina*, la noradrenalina se libera de las glándulas suprarrenales, pero a diferencia de la adrenalina, también se libera del cerebro y directamente de la región del hipotálamo. Debido a que la noradrenalina también se libera desde dos lugares, nuestra respuesta al estrés es más rápida que si sólo se liberara adrenalina. La **norepinefrina** es la hormona de la excitación responsable de hacerte sentir más despierto, concentrado y consciente. También es responsable de dirigir el flujo sanguíneo a áreas esenciales de tu cuerpo en caso de peligro, hacia tus músculos en lugar de a tu piel. Si se percibe una amenaza, las hormonas podrían tardar aproximadamente media hora en volver a sus lugares habituales después de que la amenaza percibida disminuya. Sin embargo, en la mayoría de los casos, las hormonas pueden tardar unos días en calmarse, por lo que es crucial comprender los factores estresantes y aprender estrategias relajantes y de afrontamiento para combatirlo.

Cortisol

El **cortisol** es la hormona primaria que se libera en nuestro cuerpo cuando estamos estresados, conocida específicamente como la *"hormona del estrés"*. A diferencia de la *norepinefrina* y la *adrenalina,* el cortisol tiene un poco de retraso y puede tardar unos minutos antes de ser liberado en nuestro sistema. . La razón de esto es que nuestra *amígdala* tiene que darse cuenta de que estamos en una situación amenazante; la amígdala tardaría unos minutos en señalar el *hipotálamo*. El hipotálamo recibe este mensaje y luego envía la hormona llamada **hormona liberadora de corticotropina** a la glándula pituitaria, activando la **hormona adrenocorticotrópica** que le dice a las glándulas suprarrenales que el cortisol necesita ser liberado. El cortisol ayuda a mantener el equilibrio de líquidos y la presión arterial.

También ayuda a regular funciones innecesarias como el impulso reproductivo, la inmunidad y la digestión, que no son cruciales para tu salud durante un episodio de lucha o huye.

El estrés se relaciona con una mente desordenada porque si continúas viviendo, obsesionándote y preocupándote por un problema, mientras adivinas todas sus soluciones, tu cuerpo continuará liberando cortisol. Los niveles elevados de hormonas cortisol pueden debilitar el sistema inmunitario, aumentar el azúcar y la presión sanguínea y contribuir a problemas de peso como la obesidad. Juntas, estas tres hormonas se activan para ayudarte a sobrevivir, lo que significa que trabajan juntas para brindarte una perspectiva instintiva en lugar de una perspectiva lógica; sin embargo, no están destinadas a lidiar con estresores irracionales. Cuanto más rápido sea tu respuesta a tu mente desordenada, más saludable serás a largo plazo.

Cómo Responder a Tu respuesta De Lucha o Huye

Hay algunos métodos diferentes que puedes emplear para reducir el riesgo de que tu respuesta al estrés se descontrole. Es mejor estudiar estas técnicas para que puedas permanecer en un estado mental lógico cuando te enfrentas a un peligro irracional. Las siguientes estrategias te ayudarán a revertir la activación de las hormonas del cuerpo y, si las practicas a diario, minimizarás la cantidad de veces que se activan.

Aliviadores Inmediatos Del Estrés

Estos podrían incluir caminatas rápidas, tomar un baño relajante, aprender nuevas formas de respirar, tomarse unas vacaciones mentales y desafiar a tus pensamientos. Estos ejercicios son rápidos y puedes hacerlos en casi cualquier lugar, lo cual es crucial para calmar la mente para que las hormonas no vuelen.

Reenfocar La Atención En Otros Lugares

Esta técnica requiere práctica y dedicación, ya que puede ser un desafío llevar tu enfoque de la negatividad a la positividad y la iluminación. Básicamente, en este escenario, debes cambiar la forma en que ves tus circunstancias. Por ejemplo, si acabas de ser degradado, puedes verlo como si no fueras lo suficientemente bueno porque tus esfuerzos pasan desapercibidos, o puedes verlo como una oportunidad para aprender de tus errores.

Desarrolla La Resiliencia

Puedes lograr esta técnica con el tiempo, aunque es posible que no veas resultados inmediatos: desarrollar la resiliencia sobre los factores estresantes te ayudará a desarrollar un hábito en torno a las actividades de alivio del estrés. Con el tiempo, el estrés no podrá tomar el control y abarrotar tu mente con el peligro percibido cuando, en realidad, estés bien y seguro. Las actividades de resiliencia pueden incluir encontrar tu pasión, fortalecer tu espíritu positivo, hacer conexiones seguras, ser amable contigo mismo y aumentar tu decisión.

A medida que te enfocas en ti mismo, comprenderás cuándo te estresas, qué situaciones te traen placer (y cuáles no), y cómo piensas en ciertas circunstancias. Resolver esto te ayudará a reconectar tu mente, facilitando mucho el proceso de desorganización de tus pensamientos y acciones. Una vez que aprendas a ser más resistente al estrés y a calmarte en un escenario peligroso, descubrirás cuáles son tus fortalezas y debilidades para poder construir metas y tomar medidas antes. La parte más valiosa sobre aprender a despejar tu mente es que debes seguir con ello.

Calma tu mente y usa las técnicas de este libro como tu rutina diaria. Gradualmente, notarás una diferencia cuando trabajes para cambiar tus pensamientos y cambiarás tu vida.

La cantidad de estrés y la forma en que lo manejas juegan un papel importante en la cantidad de desorden que toma tu mente. El desorden no se trata solo de lo que sucede en tu mente, sino que también tiene que ver con lo que sucede a tu alrededor. Tus pensamientos están en relación directa con tus emociones, que finalmente dan forma a tu comportamiento y a lo que haces con tu estrés. Si no aprendes a manejar y lidiar con tu estrés, solo aumentará tu desorden mental y desarrollarás más problemas de salud, como se explica al comienzo de este capítulo.

Capítulo tres: Causas Del Desorden Mental: ¿Por Qué Siempre Me Siento Tan Agotado?

Inevitablemente, hoy en día y en esta era llena de distracciones digitales, adolescentes que maduran más temprano y un marco mental para abordar todo, te obliga a llevar una vida ocupada. De lo que muchas personas no se dan cuenta es de que no solo son tus pensamientos y vivir un estilo de vida ocupado lo que contribuye al desorden mental, sino que tal vez la razón principal sea tu entorno y cuán minimalista sea tu vida. Lo más cierto sobre el desorden mental es que nunca podemos tener dos cosas sucediendo al mismo tiempo. Por lo tanto, si estás pensando negativamente y cuestionas a tu crítico interno o te retas a pensar positivamente, tu mente ya no puede concentrarse en la negatividad. Por ejemplo, cuando se trata de un desorden físico, puedes tener tu mesa auxiliar en la esquina de tu sala de estar o de tu sofá, no en ambos. Una caja grande no puede llenar el mismo espacio que otra caja grande, simplemente no es posible. Entonces, ¿por qué no podemos aplicar esta misma física a nuestras mentes y pensamientos?

Cuando realizamos múltiples tareas, descubrimos que en realidad estamos más atrasados de lo que estábamos inicialmente si nos centráramos en una cosa a la vez. Cuando te sumerges en el mundo del crecimiento personal y la positividad, puede que no funcione al principio, incluso a través de tus mejores esfuerzos. La razón número uno es que tienes que dejar tus pensamientos negativos por completo. Puedes comprometerte a leer este libro, probar los ejercicios, comenzar un diario de gratitud e incluso decirte cosas positivas todos los días. Pero, si has sido negativo y has estado abarrotado mentalmente durante bastante tiempo, puedes descubrir que tu progreso no parece llevarte a ninguna parte. ¿Por qué? Porque tus pensamientos negativos también tienen lugar. Por ejemplo, podrías decirte a tí mismo: "Estoy seguro de que obtendré esta promoción hoy" mientras sigues pensando: "¿Qué pasa si no lo hago?". Tu mente no puede ocupar dos espacios a la vez, por lo que elegirá automáticamente lo que le resulta más familiar, (lo negativo) lo cual te deja en el mismo lugar en el que estabas cuando comenzaste a tratar de ser positivo. Entonces, ¿cómo sales de esto para siempre? Más que nada, después de aprender cómo el desorden físico puede desempeñar un papel en nuestro desorden mental.

Son las cosas que vemos todos los días, pero no nos damos cuenta de que tienen lugar en nuestras mentes. Un buen ejemplo puede ser que hay platos que llenan el fregadero, hay juguetes esparcidos por toda la casa y hay correspondencia sobre la mesa. La existencia de estos problemas inconscientemente te recuerda que necesitas limpiarlos. Ahora toma tu vida ocupada: trabajo, hacer la cena a tiempo y aún encontrar tiempo para tus seres queridos y, no es de extrañar que estés tan agotada. Los investigadores de la UCLA han descubierto que el desorden físico tiene un gran impacto mental en nuestro estrés, estado de ánimo y autoestima. Cuando nuestras casas se ven desordenadas, nuestros cerebros se vuelven desordenados. Sin embargo, digamos que tu casa está limpia y ordenada. Es posible que todavía tengas un "cajón de basura", o ropa que no hayas guardado del verano, y juguetes que no hayas visto desde el año pasado. Muchas personas adoptan un **estilo de vida minimalista** que, como su nombre lo indica, es vivir con menos.

Aunque este término puede parecer fácil de llevar a cabo, para la mayoría de las personas no lo es. Esto se debe a que algunas personas creen que nuestro desorden (cosas sin importancia) tiene valor. Tienen un apego a sus cosas, y al reducir su tamaño y revisar sus cosas, casi se paralizan porque la minimización se vuelve abrumadora para ellos. Recuerda: si deseas una mente despejada, debes dedicarte a tener un ambiente despejado. Esto incluye tu entorno y la compañía que mantienes.

La respuesta para ordenar tus alrededores es comenzar con una cosa a la vez. No realices múltiples tareas (hablaremos sobre esto más adelante); solo concéntrate en una habitación, un armario, un periódico, un correo electrónico, un rasgo de personalidad, etc.

Pero, ¿cómo desarrollamos una mente clara? ¿Cómo podemos finalmente dejar de lado el desorden mental que causa estrés y frustración?

- **Moverse Mentalmente**

Metafóricamente, nuestras mentes son como una gran mansión. Esta mansión en nuestras mentes tiene habitaciones para pensamientos, preocupaciones, deseos, miedos, pasiones, metas, preguntas, creencias, entre otras cosas. Ahora, dite a ti mismo que es hora de *moverse*. El alquiler ha subido; el lugar se está desmoronando y es demasiado para que una persona lo maneje. Imagina que te mudarás a un lugar más pequeño, como una cabaña con solo unas pocas habitaciones y algunos armarios. Es hora de despejarse mentalmente.

- **Elige sabiamente Lo Que Llevas Contigo**

Mientras atraviesas tu mansión, te darás cuenta de que no puedes llevar todo contigo. Hazte algunas preguntas críticas: ¿Qué voy a usar? ¿Qué tan necesario es mi crítico interno? ¿Con qué frecuencia usaré mis miedos? ¿Voy a utilizar mis recuerdos y pensamientos positivos en este nuevo lugar? Mira cada caja dentro de cada habitación en tu mente y decide qué te llevarás como si realmente estuvieras mudándote.

- **Elige Un Lugar Para Tu Nuevo Hogar**

Finalmente, te has mudado oficialmente. Has decidido qué llevar contigo y lo que has dejado atrás, y es hora de desempacar. Usando la regla, *no hay dos cosas que puedan ocupar el mismo espacio al mismo tiempo*, organiza tus pertenencias (pensamientos) en sus lugares designados. Vuelve a colocar cuidadosamente las cosas que trajiste contigo.

- **Dedícate a Este Estilo De Vida**

dedicación significa apegarte a tus armas. Hay algunos elementos a los que puedes haberte aferrado, como tus miedos y ansiedades, pero esperemos que también hayas traído deseos, pasiones y positividad. Existe un alto apego a nuestros miedos y negatividad porque nos son familiares. Es más cómodo aferrarse a la familiaridad en lugar de aprender algo nuevo, y la mayoría de las personas encuentran que el cambio da miedo.

Digamos que trajiste todo contigo a tu nueva cabaña. Tu pequeña casa ahora está desordenada y su espacio mental todavía está confundido. Pero espera: la aplicación de la regla del punto anterior significa que puedes almacenar tu negatividad en un armario oculto o enterrarlo en tu patio. Al hacerlo, puedes mostrar la positividad que empacaste y ponerla en un estante en tu nuevo hogar.

Cuando llevas la positividad y los objetivos de la vida al primer plano de tu mente, tu negatividad ya no tiene un efecto masivo en ti porque lo has trasladado a otro lugar. Al hacer eso, puedes elegir el pensamiento positivo sobre el negativo y usarlo en tu realidad. Debes concentrarte en este mismo momento, no en mañana, ni en la próxima semana, ni siquiera dentro de una hora. Descarta todos los otros pensamientos que se te ocurran una vez que te concentres en el ahora. Por ejemplo, si te vas a preocupar, elige solo una preocupación y obsesionate con ella. Preocúpate hasta que ya no puedas preocuparte por eso, luego elige conscientemente el miedo y piensa en todos tus problemas ahora mismo. Cuando prestas atención a tus pensamientos negativos deliberadamente, no te arrastrarán inconscientemente y se harán cargo del espacio vital en tu mente. Parte de esta práctica es para que estemos aprendiendo a enfocar nuestra atención en estresarnos sobre una sola cosa a la vez, y así poder mantener lo negativo alejado de los momentos positivos de nuestra vida. Debes elegir lo que pensarás (bueno o malo), atenerte a eso en el momento y luego seguir adelante. Es para que no te quedes atascado pensando en ambas cosas, lo que te permite crecer a partir de la negatividad familiar y constante.

Después de un tiempo enfocándote en cosas individuales a la vez, la positividad se apoderará de tu mente porque todavía está prestando atención a tu negatividad; sin embargo, ya no te permites detenerte en la negatividad, lo cual es bueno. Una vez que hayas completado este proceso en tu mente, puedes decirte a tí mismo: "Bien, negatividad, te he prestado atención, ahora agradezco la positividad y prosperaré más que nunca". Todos los días practica estos pasos anteriores , estarás un paso más cerca de ser libre y desarrollar serenidad en tu vida.

- **Los Efectos Agotadores De Las Redes Sociales**

Gran parte de nuestro desorden mental proviene de la tecnología y los dispositivos, ya que esto es lo que usamos el 80%, si no el 90% del tiempo. Desde teléfonos hasta relojes inteligentes, desde dispositivos para automóviles hasta dispositivos para el hogar, la tecnología digital nos rodea. Nos guste admitirlo o no, la mayoría de nosotros somos adictos a la tecnología, específicamente a las redes sociales. Lo nuevo es saber todo sobre cada persona famosa. Tenemos canales de YouTube en los que puedes ser conocido y famoso. Tenemos páginas de Facebook donde podemos configurar y generar tráfico para nuestros sitios web y aplicaciones. Tenemos blogueros que usan sus redes sociales para promocionar sus nombres. La lista continúa, y tal como está, la mayoría de nosotros ya tenemos una vida agitada, y las redes sociales son parte de ella.

Entonces, ¿por qué las redes sociales son tan adictivas? ¿Cómo tiene un efecto negativo en nuestras vidas? ¿Por qué no podemos escapar?

Es posible que hayas escuchado muchas veces que las redes sociales y la tecnología son malas para tí, pero nunca lo investigaste. Lo que sucede es que el centro de recompensa de nuestro cerebro se ilumina cuando a alguien le gustan nuestras cosas.

Queremos que todos nos noten, por lo que cuando decimos algo o participamos en un feed social que todos siguen y cuando vemos que les ha gustado nuestro comentario o estado, sentimos una sensación de logro. Debido a este momento de sentirse bien, nuestras adicciones se vuelven más fuertes; Según un estudio de la UCLA, *las redes sociales son más adictivas que el humo del cigarrillo y el alcohol.* Si no es suficiente con querer encajar, la generación actual tiene que conocer la primicia de todo o desarrollar lo que se conoce como **FOMO**: *el miedo a perderse.* (*Fear Of Missing Out*) Hace treinta años, si no hubieras visto una película de la que todos hablaban, estarías aislado de tu grupo. Es una situación similar con las redes sociales, específicamente en términos de "historias" que podemos publicar en plataformas como Snapchat, Instagram y Facebook que muestran cómo *deberíamos* actuar y vernos en la sociedad. Estas historias son un componente importante que conduce a la enfermedad mental y la negatividad.

Lo que contienen la mayoría de las plataformas de redes sociales son **trolls** o **cyberbullies** que se esconden detrás de las redes sociales retratando cómo su vida es tan perfecta, o cómo no lo es la vida de los demás. Tienden a estar tan solos como sus observadores. Ya sea que la publicación de alguien se vuelva viral o reciba atención eventual, alguien más querrá seguir a esta persona, y se trata de un juego competitivo para ver quién tiene la mejor sonrisa o vida. Esto afecta la forma en que las personas viven mientras más se sumergen en la presión de querer lo que la otra persona tiene. Sin embargo, lo que esas fotos y publicaciones no dicen es la vida cruda y emocional que conlleva ser humano.

Todo esto puede sumarse a una mentalidad ya desordenada o dispersa.

A pesar de los aspectos negativos, podemos utilizar las redes sociales para el crecimiento y la positividad. Cada ser humano tiene la ventaja de tomar sus propias decisiones. La información anterior se refiere principalmente a personas con baja autoestima y sin control sobre sus vidas personales. Sin embargo, hay algunos pasos que podemos usar para superar estos pensamientos negativos.

- **Baja Tu Teléfono o Dispositivo Digital y Asume Lo Que Sucede a Tu Alrededor.** Cuando practiques la meditación consciente (más sobre esto en el próximo capítulo), desarrollarás la autoconciencia. Ser consciente de tí mismo puede ayudarte a comprender lo que estás haciendo y cómo te afecta no solo a tí sino a las personas que te rodean. Pasa menos tiempo en el mundo virtual y más tiempo aprendiendo sobre tí y los miembros de tu familia. Una regla que mi abuela pone cada vez que tenemos vacaciones familiares es dejar nuestros teléfonos en la puerta o apagarlos por completo. Podemos verificarlos dos veces durante las vacaciones, pero sólo entonces. Puedes considerar incorporar esta regla en tu propio hogar.**Cuando estés en las redes sociales, limita tu tiempo y hazte el hábito de seguir solo fuentes inspiradoras y positivas.** Ignora leer y comentar sobre estados negativos y alejarte del drama en las redes sociales. Cuando publiques, asegúrese de que sea sin filtros y, en tus escritos, siempre trata de finalizar tu estado con un cambio positivo. Deja de obsesionarte con lo que piensan los demás porque adivinar es un desorden estresante que tu mente no necesita.

- **Ten en cuenta que las redes sociales y la tecnología no son reales.** Recuerda que las personas publican lo que parece un

> mundo perfecto, porque eso es lo que quieren que todos vean en lugar de lo que realmente está sucediendo en sus vidas. Si la mayoría de las personas fueran quienes dicen ser en las redes sociales, considera con cuántas personas no genuinas y no creativas podríamos estar en contacto. En las redes sociales, asegúrate de estar siempre leyendo lo que hay detrás de escena y permítete ser quien eres sin pedir disculpas.

Cuando piensas en los últimos veinte o cincuenta años, la tecnología y las plataformas de redes sociales solo comenzaron a evolucionar cada vez más en los últimos diez años. Como es tan nuevo y fresco, dentro de muchos años continuará desarrollándose. Toma nota para enseñarle a tus hijos la seguridad de Internet y también asegúrate de que conozcan la presión social que puede tener sobre ellos. Enséñales a ser quienes son sin pedir disculpas modelando su propia confianza.

Las redes sociales son inevitables; sin embargo, sólo porque estemos involucrados en el mundo de la realidad virtual no significa que debamos seguir todo y sucumbir al lado oscuro de todo.

¿Es Tu Vida Realmente Tan Ocupada?

¿Está tu vida realmente ocupada, o simplemente se siente así? Es posible que hayas escuchado o usado la excusa, *no hay suficientes horas en el día* para ir a trabajar y pasar tiempo con tu familia. Sin embargo, las estadísticas muestran que las horas de trabajo totales no han aumentado realmente; Pasamos más tiempo con nuestras familias que en décadas anteriores. Dicho esto, las personas que dicen que siempre están ocupadas probablemente no estén tan ocupadas como creen. ¿Por qué es esto?

Es porque el tiempo es más valioso ahora que en aquel entonces, por lo que si alguien puede exprimir unas pocas horas más en el trabajo, lo hará. Las presiones de nuestra economía nos obligan a trabajar más por nuestros salarios que nunca.

El hecho es que siempre habrá algo que hacer hoy en día. Estamos en lo que se llama **la era de la información**, que contiene tecnología y dispositivos inteligentes que piensan por nosotros la mayor parte de las veces. Sin embargo, siempre habrá más correos electrónicos, más citas, más llamadas telefónicas, más investigación y más objetivos a seguir.

No es de extrañar que nuestras mentes estén abarrotadas: tenemos tanta información para incursionar, lo que nos hace sentir abrumados. Como seres humanos, nuestra naturaleza es hacerlo bien y prosperar, por lo que en nuestro mejor esfuerzo por hacerlo todo, no nos damos cuenta de que es absolutamente *imposible* hacer todo en un día. Esto nos lleva a una cantidad indefinida de días con tareas infinitas que hacer. Lo irónico de la gestión del tiempo actual es que, debido a los trabajos interminables que nos sentimos presionados a realizar, nos sentimos apresurados a manejar nuestras tareas pendientes. La naturaleza de esta era nos lleva a todos a sentirnos *más ocupados de lo que realmente estamos.*

Los peligros de sentirse ocupado todo el tiempo disminuyen el ancho de banda cognitivo, lo que te quita tus habilidades para tomar decisiones. Estar ocupado todo el tiempo con una vida desordenada y una mente desordenada y pensar que siempre hay algo que hacer, te hace más propenso a crear malas opciones de gestión del tiempo. Si eso no era lo suficientemente difícil en nuestras mentes, aún asumimos promesas que no podemos cumplir y ponemos las tareas sin importancia por encima de las tareas necesarias, lo que dificulta la reorganización del horario de vida. Incluso el tiempo de inactividad que tienes, que deseas pasar con tu familia y amigos te deja aún más ocupado y sin tiempo para tí. ¿Cual es la solución?

Reduce la velocidad, siempre habrá un mañana o un día siguiente. Al asumir demasiado y escuchar todas las demandas de los demás, entrenas tu cerebro para dejar de escucharte a ti mismo. Debes establecer límites, incluso con tus empleadores, y tomarlo con calma. Mira todas las cosas que haces en tu día y realiza un seguimiento en un diario durante dos semanas. Cuando puedas, tómate un tiempo para revisar tu diario y seleccionar las cosas que no son importantes para ti. Céntrate en una cosa a la vez y date cuenta de que la vida no tiene que ser acelerada para tener éxito.

Oliver Burkeman escribió en un artículo para la radio de la BBC: "Medimos nuestro valor no por los resultados que logramos, sino por cuánto tiempo pasamos *haciendo*".

Entonces la pregunta sigue siendo: *¿estás realmente ocupado o simplemente te parece?* El ajetreo es un factor decisivo entre cuántas actividades tenemos o cuánto dura nuestra larga lista de tareas pendientes. Algunas personas tienen plazos para completar un proyecto, mientras que otras tienen proyectos que creen que deben realizarse para que puedan sentirse satisfechos. Cuando hay un montón de actividades acumuladas, podemos sentirnos tranquilos o estresados, y cuando tenemos poco que hacer, podemos sentirnos dispersos. Contrariamente a la opinión, la ocupación no se define por la cantidad de tareas que tenemos en nuestra lista de tareas pendientes; Es solo un estado mental. La mayoría de las personas intentan usar la excusa de que están haciendo múltiples tareas para hacer las cosas más rápido cuando en realidad no lo hacen; vivimos sólo en este momento, independientemente de nuestras preocupaciones. Dicho esto, ¿hay algo así como *estar ocupado*? ¿O simplemente nos sentimos abrumados porque queremos estarlo?

Factores contribuyentes a los hábitos y patrones automáticos

Los hábitos son cosas que hacemos todos los días hasta que se vuelven como una segunda naturaleza, cuando puedes hacerlo sin tener que pensar en ello. El hábito y la rutina pueden ser una causa principal de desorden mental porque los hábitos son difíciles de romper. Como se mencionó anteriormente, cuando las cosas se vuelven familiares, se convierten en hábitos que son difíciles de liberar para nuestras mentes. Si hay algo que hayas estado haciendo durante mucho tiempo, puedes acostumbrarse a ello sin darte cuenta de cuánto espacio mental te ocupa. Por ejemplo, si tu espacio de trabajo siempre está lleno de basura necesaria e innecesaria, puedes acostumbrarte a trabajar en este entorno. Inconscientemente, este desorden es solo un recordatorio visual de que has dejado las cosas sin controlar, como facturas o documentos que aún no has presentado. Los siguientes son más ejemplos de lo que está contribuyendo a tu desorden mental y agotando tu energía.

Desayuno

Cuando escuches el dicho de que el desayuno es la comida más importante del día, no está mal. Sin embargo, debe haber un equilibrio con tu primera comida porque comer demasiado puede hacerte sentir hinchado y lento. Por otro lado, omitir la primera comida puede aumentar los problemas de salud física y mental más adelante en la vida. El desayuno debe estar bien equilibrado con suficientes proteínas, granos y grasas saludables para mantenerte en funcionamiento durante más horas hasta tu próxima comida.

Mala Postura

Casi todos cometemos este error. Queremos sentirnos cómodos, y para la mayoría de las personas, eso significa encorvarse o encogerse de hombros mientras estamos sentados o de pie. Sin embargo, una mala postura puede afectar nuestra respiración, crecimiento espinal y función pulmonar. Cuando nos encorvamos o encogemos de hombros todo el tiempo, estamos permitiendo que otros músculos de nuestro cuerpo se desfiguren para soportar los músculos que usamos diariamente. Dado que la mala postura a menudo corta el flujo sanguíneo, el cerebro ya no recibe suficiente oxígeno, lo que provoca fatiga y agotamiento.

Sin Espontaneidad

Nos vamos a dormir, nos levantamos, vamos a trabajar, volvemos a casa, hacemos la cena, vemos la televisión y luego nos vamos a dormir nuevamente. Este estilo de vida no deja espacio para la espontaneidad y se convierte en una rutina aburrida y automática que disminuye tu nivel de **hormonas de dopamina**, que son esenciales para sentirnos bien con nosotros mismos. Solo debes tener una rutina predecible cuando trabajas; fuera del trabajo, debemos aprender a sumergirnos en nuestro lado creativo. Intenta hacer algo diferente todos los días. Cuando estamos atrapados en el piloto automático, nuestra motivación disminuye, lo que lleva a la fatiga y la calma en nuestra energía.

Ingesta De Líquidos Inconsistente

Debido al constante zumbido de la vida, es fácil para nosotros olvidar beber agua. Pero como se mencionó anteriormente, el ajetreo es solo un estado de ánimo en el que usamos excusas para el tiempo que tenemos o no tenemos en nuestros días. Los investigadores han encontrado un vínculo directo entre la deshidratación y la disminución de los niveles de energía. Trata de acostumbrarte a tener agua dentro de tí en todo momento. Si tener una botella de agua no es suficiente, configura una alarma en tu teléfono o instala una aplicación de seguimiento de agua para estar al tanto de cuánta consumes.

Debido a estos hábitos o rutinas, podemos sentirnos agotados mental y emocionalmente. Es una condición en la que harías lo mismo durante un largo período, lo que hace que tu cerebro se acelere para realizar la tarea. ¿Has sentido niebla cerebral recientemente? ¿Te sientes tan abrumado u *ocupado* que no te sientes motivado? ¿Sientes que tu irritabilidad y tu mal humor están fuera de control? Estos son signos de agotamiento mental que resultan de demasiado desorden mental. Entonces, ¿qué causa la fatiga mental?

Toma De Decisiones

¿Qué quieres para cenar?

¿Cómo deberías vestirte para la reunión?

¿Cómo debes organizar tu horario de trabajo?

¿Cuándo vas a cumplir un plazo?

¿Deberías salir con tu mejor amiga o quedarte

esta noche?

Nos hacemos preguntas como estas todos los días, pero lo que es aún peor es cuando otras personas hacen estas preguntas para ponerte en el lugar. ¿Alguna vez alguien te pidió que decidieras por ellos y te dio una lista de cosas para elegir en lugar de que ellos simplemente decidan por sí mismos? La toma de decisiones presiona nuestras mentes porque surgen preguntas secundarias de las preguntas originales. Por ejemplo, tu amiga te pregunta qué planeas comprar para el cumpleaños de tu hijo.

Has pensado en esto durante meses y se te ocurre el factor decisivo: lo rechazarás o lo llevarás de compras. Cuando les da esta respuesta, pueden esperar un resultado diferente, por lo que proporcionan una lista de ideas. Ahora estás adivinando tu pensamiento original y estás estresado de nuevo.

Desorden

Como has aprendido, el desorden se relaciona con el estrés, ya que libera niveles extremos de cortisol en tu cuerpo. El desorden está en todas partes, pero donde no debería estar es dentro de tu mente. Cuando tienes una mente clara, puedes imaginar una decisión clara sobre qué hacer con tu vida.

Decir "Sí" a Todo

Todos somos humanos; Nuestro objetivo es complacer y sentirnos mal cuando no lo logramos. Hacer promesas o compromisos cuando ya tienes tanto en tu plato te hace trabajar y no jugar. El exceso de compromiso es otro factor principal para el estrés que está relacionado con el desorden mental porque ahora has creado más presión sobre ti mismo de lo que originalmente esperabas. Tomar demasiadas cosas a la vez puede causar un **choque mental**, **síndrome de agotamiento** e incluso *disociación.* Este es un hábito del que debes mantenerte alejado.

Falta De Sueño

Una mente sana se acompaña de hasta nueve horas de sueño durante toda la noche. Cuando no dormimos lo suficiente, nos irritamos, nos desenfocamos y nos ponemos de mal humor. Estos sentimientos se conectan a cómo nos comportamos y, en última instancia, se derivan de cómo pensamos.

Puede que esta no haya sido una lista completa de las causas del agotamiento mental; sin embargo, debemos centrarnos más en cómo vencer estos hábitos para mantenernos saludables y encaminados. El objetivo es derrotar a nuestros críticos internos, cambiar nuestras perspectivas y luchar por nuestro futuro de manera positiva. No podemos aprender a dominar estas habilidades a menos que comencemos cambiando nuestros hábitos.

Entonces, ¿cómo vencemos la fatiga mental?

Organízate

Mantenerte al tanto de las cosas puede hacer que te sientas seguro y creativo porque no hay desorden visual que esté ocupando tu espacio mental. Además, cuando no hay espacio mental distraído por el desorden físico, podemos concentrarnos mejor en lo que es importante. Puedes hacer esto:

- Ordenar tu computadora
- Organizar y archivar tus documentos
- Limpiar tus correos electrónicos y cancelar las suscripciones a cosas innecesarias.
- Organizar tus facturas
- Escribir en un calendario las tareas importantes pendientes
- Mantener un diario de gratitud

No te fuerces a hacer demasiado

El perfeccionismo es otro hábito poco saludable para adoptar. Se origina cuando nos presionamos demasiado para lograr o terminar algo en una cantidad de tiempo específica. También surge de la idea de que a otros les gustará más si hacemos un trabajo admirable. Las formas de combatir esto son:

- Aprender a decir que no
- Establecer objetivos realistas
- Mantener las tareas simples
- Hacerte de tiempo para tí

Desafía tus Pensamientos

Cuando tu crítico interno se apodera de ti, comienza a hacerte preguntas y prestarte atención. Cuando evitas o alejas tus pensamientos para silenciar la voz interior, en realidad creas aún más desorden mental. Algunas preguntas pueden involucrar:

- ¿Cuál es el significado detrás de esta negatividad?
- ¿Qué desencadenó este pensamiento?
- ¿Cómo puedo ver esto positivamente?
- ¿Por qué me siento de esta manera?

Meditar

Una forma rápida de recuperar el enfoque es hacer un ejercicio de meditación de veinte minutos. La meditación puede cambiar la forma en que reaccionas ante entornos o pensamientos estresantes. Aprenderás más sobre la meditación en el próximo capítulo.

Permítete Amar a Quien Eres

Debido a las redes sociales y la presión de la sociedad, aprendemos que debemos actuar, pensar y sentir de cierta manera ser lo suficientemente buenos. Aprender a ignorar las presiones externas y amar quién eres te dará confianza y comprensión de ti mismo. Deja de tratar de impresionar o conformarte con las creencias y expectativas de los demás y desarrolla confianza en lo que crees. Algunas formas de practicar esto son:

- Haz cosas que realmente te encante hacer
- Intenta algo nuevo y sal de tu zona de confort
- Comienza un diario de amor propio
- Haz una lista de afirmaciones positivas sobre ti.
- Mírate en el espejo y repítete algo que has logrado en tu vida.
- Establece objetivos realistas y recompénsate por las pequeñas cosas que haces.

Derrota Tus Patrones De Auto-Sabotaje

Al igual que al desafiar a tu crítico interno, encontrar lo que desencadena tus sentimientos de incompetencia es una excelente manera de combatir el desorden mental. Averigua qué haces que perturba tu paz interior y te hace temer al cambio. Algunas maneras de superar esto son:

- Escucha a tu crítico interno y desafía tus pensamientos.
- Desarrolla la autoconciencia.
- Encuentra tus desencadenantes de ira.
- Pregúntate a qué le temes cuando haces algo de lo que no estás seguro.
- Toma una decisión y cúmplela.
- Dale la bienvenida al fracaso y aprende de tus errores.

Para despejar tu mente y tu entorno, debes entender lo que haces automáticamente a través de tus comportamientos naturales y establecer rutinas. En última instancia, cuanto menos estrés tengas, más clara estará tu mente para enfocarte en otras cosas como la productividad y el crecimiento personal. La confianza viene de confiar en ti mismo y ser plenamente consciente de tus pensamientos, sentimientos y acciones.

Al despejar tu mente de lo que te agobia, debes

visualizar el éxito y luego establecer metas para llegar allí. Al igual que en el ejercicio de movimiento mental explicado al comienzo de este capítulo, no puedes llegar al lugar que deseas estar si no haces nada para cambiarlo. Cuando comprendas cómo las redes sociales, el ajetreo y las rutinas afectan tu vida, puede que entiendas cómo desentrañar los patrones que te llevaron hasta aquí. Tener una mente desordenada no se trata solo de negatividad o patrones de pensamiento; también se trata de trabajar en cada aspecto de tu vida.

Capítulo Cuatro: Los Primeros Pasos Para Disminuir El Desorden En Nuestras Mentes

Quizás la forma más eficiente y exitosa de corregir los hábitos de pensamiento excesivo sea replantear tu mente. **Reenmarcamiento cognitivo**, también conocido como *reenmarcado del contenido* o simplemente *reenmarcar*, significa mirar una situación o escenario y cambiar tu perspectiva o punto de vista sobre él. A menudo utilizado en orientación psicológica o entrenamiento de vida, el replanteamiento es alterar tu mentalidad de un patrón de pensamiento negativo o poco saludable a una experiencia más relajada y positiva. Con perspectiva, el significado de una experiencia se convierte en lo que uno ve que son sus experiencias. Entonces, cuando un individuo cambia su marco (replanteamiento), el significado detrás de la experiencia percibida también cambia.

En la mayoría de los casos, cuando una persona cambia el significado detrás de una experiencia, el comportamiento de ese individuo también cambia. Por ejemplo, alguien que lucha con una enfermedad crónica puede verse a sí mismo como incompetente y poco saludable. Una perspectiva más positiva de esto sería que la enfermedad es un recordatorio de que tu salud debe ser atendida durante toda tu vida. Alguien sin una enfermedad crónica puede pasar por alto los signos no saludables, lo que podría hacer que tenga una vida útil más corta.

Cuando se trabaja para replantear la perspectiva de uno, se le pueden hacer preguntas como "¿Hay otras maneras de ver este escenario?". También podría preguntar si otras soluciones pueden resolver el problema. Por ejemplo, cuando tu pareja llega a casa tarde después del trabajo, en lugar de sacar conclusiones precipitadas y enojarse, un cambio de perspectiva sería hacerse preguntas:

¿Cómo está el clima? Si está lloviendo, tu pareja podría haber llegado tarde debido a la tormenta. ¿Con qué frecuencia llega tarde a casa? Si la respuesta a esta pregunta nunca es, ¿cuáles son las posibilidades de que estuviera haciendo algo mal? ¿Cuáles son las tres posibilidades de por qué haya vuelto tarde esta noche? En este escenario, lo mejor que puedes hacer es preguntarle directamente. La diferencia entre confrontar y atacar en situaciones de relación se basa únicamente en los tonos, así que sé consciente de ti mismo al abordarlo con este asunto.

El replanteamiento de contenido es una forma eficiente de cambiar los hábitos poco saludables en hábitos positivos. Puede reducir los conflictos de la relación, ayudarte a dormir tranquilo y disminuir significativamente la ansiedad. Si lo piensas, casi todo lo que hacemos es reformular el contenido: cuando meditamos, entrenamos nuestros cerebros para reducir la velocidad. Cuando nos mantenemos organizados y dedicamos tiempo a nosotros mismos, le estamos enseñando a nuestro cerebro la confianza y la individualidad. Cuando trabajamos en nuestras habilidades de toma de decisiones, estamos aprendiendo cómo enfocarnos mejor y perseguir lo que queremos en la vida. Este capítulo explicará cómo puedes solucionar el problema cambiando la forma en que vives y piensas en tu vida.

Por Qué Pasar Tiempo a Solas Es Beneficioso

Todo lo que has aprendido hasta este momento te ayuda a comprender la dinámica del estrés y lo que puede parecer una mente desordenada. Tu perspectiva del ajetreo proviene de sacrificar el **tiempo solo**, crucial para replantear tu mente. Estar a solas contigo mismo puede ayudarte a aprender más sobre tu ser genuino y, al mismo tiempo, te permite ocuparte de tus prioridades sobre otras. Parte de por qué la mayoría de las personas sacrifican su tiempo de inactividad es porque creen que siempre deben ser productivas. Esto no podría estar más lejos de la verdad porque se necesita mucha fuerza para querer sentarse y aprender más sobre ti mismo para poder determinar las mejores formas de ser productivo. Cuando no sabemos quiénes somos y cuáles son nuestros objetivos, vivimos nuestras vidas en piloto automático, haciendo las mismas cosas todos los días pero sin llegar más lejos que antes. La fría y dura verdad acerca de estar ocupado todo el tiempo es que cuando nos sentamos con nosotros mismos, nuestros críticos internos toman vuelo y aprendemos cosas sobre nosotros mismos a las que teníamos miedo. ¿Alguna vez te sentaste contigo mismo y tomaste el teléfono, encendiste el televisor o comenzaste a limpiar con música a todo volumen? La razón por la que hacemos esto es porque, para algunas personas, el silencio es más fuerte que el ruido que activamos a nuestro alrededor.

El tiempo que pasas solo puede ser una de las experiencias más emocionantes para descubrir tus pasiones, metas, deseos, sueños y crecimiento individual. Cuando nos centramos demasiado en la estimulación externa, a menudo nos olvidamos de nosotros mismos y no nos damos cuenta de lo que es importante para nosotros. La razón por la cual las personas están preparadas para el piloto automático es porque se acostumbran a hacer las cosas de cierta manera, lo que programa su cerebro para pensar que la vida que llevan es saludable. Sin embargo, lo *"normal"* tiene una definición diferente para cada individuo, y aunque creemos que sabemos lo que queremos, luchamos por lograrlo debido a la familiaridad que hemos soportado a lo largo de los años. Estar solo es beneficioso para nosotros por muchas razones, entre ellas:

- Nos volvemos más creativos.
- Es una cura para lo que te detiene.
- Puedes ver más claramente.
- Puedes ganar una perspectiva individual.
- Puedes convertirte en tu propio líder.

En el mundo exterior, donde nos unimos cientos de personas y entretenimiento, a menudo podemos olvidar nuestras reflexiones o creencias y adoptar los comportamientos y sentimientos de los demás. El crecimiento personal consiste en aprender a reflexionar sobre tus propias experiencias y luego solucionar los problemas que te detienen. Al nunca permitirte estar solo con tus pensamientos, nunca puedes comprender realmente tus miedos, debilidades o incluso qué fortalezas pueden estar ocultas dentro de ti. Si temes estar solo, debes descubrir por qué puede ser así y utilizar la meditación o los servicios de asesoramiento para superarlo. Parte del replanteamiento de tu mente se trata de aprender a mirar algo y tener un pensamiento o sentimiento diferente al respecto. Por ejemplo, si temes estar solo porque tienes miedo de no tener gente cerca para apoyarte, entonces debes concentrarte en *por qué* constantemente necesitas ese apoyo. ¿Cuándo necesitas ese apoyo? ¿Existe una situación específica que requiera que la gente se sienta cómoda?

Más que eso, replantear tu mente sobre ese miedo es permitirte comprender las cosas que te asustan; Sin embargo, estos temores son nuestro mecanismo de defensa para luchar contra el peligro. Incluso si no hay un peligro real, mientras estás solo, puedes identificar la raíz de tu miedo a través de la experiencia. En lugar de decir: "Tengo miedo de estar solo", deberías decir: "Estar solo es mi oportunidad de resolverme". Replantear tu perspectiva es todo lo que se necesita para trabajar en despejar tu mente.

Pero, ¿cómo encuentras tiempo para ti cuando hay tantas cosas en tu vida? Puedes comenzar estableciendo una fecha y esperando esa fecha. Prepárate para ese momento que viene y dite a ti mismo que mereces atención. Quién mejor para prestarte atención que tú mismo, ya que solo tú sabes cómo te gusta que te traten. Haz una cita contigo mismo regularmente y comprométete a ello. Estar solo no tiene que ser estar encerrado detrás de la puerta de tu habitación, leer un libro o meditar solo; puede ser salir a la ciudad, ir a un museo, almorzar, ir a la biblioteca o dar un paseo por la naturaleza. Estar solo significa tomarte tiempo para reflexionar sobre tus pensamientos. La única regla a seguir es que debes ser *firme* con tus intenciones. Comprende que tener a alguien contigo no es estar solo, ya que ahora te conviertes en un grupo. En lugar de caminar con un amigo o conocido, mantén una conversación y dile cortésmente que hoy te estás tomando tiempo para tí y continúa. Los buenos amigos también entenderán y seguirán adelante; ellos también deberían pasar un tiempo a solas ocasionalmente.

En la misma línea, el siguiente paso para encontrar tiempo a solas es pedirlo u obtener el apoyo de otros para informarles que te tomarás tiempo para tí en los días y horarios específicos que hayas elegido. Por ejemplo, si estás en una relación de convivencia, puedes decirle a tu pareja: “Me estoy tomando tiempo para mí este domingo desde las siete de la tarde hasta las nueve. ¿Te importaría cuidar a los niños ese día? ”Anima a tu pareja a hacer lo mismo por su cuenta. Tu tiempo puede implicar una noche de chicos viendo fútbol o un día de chicas en el spa (o al revés: la noche de chicas viendo fútbol y un día de chicos en el spa si así lo prefieren).

Antes de estos tiempos, puedes practicar sin hacer absolutamente nada. La intención debe ser que te estés relajando o tomando un descanso mental de tu agitada vida.

Cómo Disminuye El Desorden Mental El Mantenerse Organizado

Como se mencionó anteriormente, una de las principales razones para una mente desordenada no es solo estar "demasiado ocupado", sino también estar desorganizado. En promedio, una persona experimentará aproximadamente 70,000 pensamientos por día, consciente y subconscientemente. Si ignoramos nuestros pensamientos, promovemos el pensamiento excesivo y nos convertimos en prisioneros de nuestro crítico interno. Cuando tu mente está desorganizada, tu vida se vuelve desordenada, lo que disminuye tu capacidad de concentración, permitiendo que tenga lugar la dilación. Una cosa a tener en cuenta es que los pensamientos no son hechos. Un estudio realizado por el Instituto Nacional sobre el Envejecimiento encontró que una mente desorganizada (*desorden mental*) puede conducir a niveles excesivos de estrés, abrumadora negatividad e impulsividad. Ante estos problemas, alguien puede experimentar problemas de salud reales como enfermedades cardíacas, problemas respiratorios, inquietud, pérdida y aumento de peso y trastornos del sueño.

Es crucial entender por qué tener una mente organizada es beneficioso. La organización crea creatividad y flujo, lo que te permite participar plenamente en la tarea en cuestión sin otras distracciones. Las siguientes son algunas estrategias para mantenerse enfocado y organizado.

Encuentra La Cantidad Perfecta De Dificultad En Tus Tareas

Si estás aburrido, es posible que tus pensamientos también te distraigan fácilmente porque vagan. La práctica diaria de la meditación de atención plena es la mejor solución para una mente dispersa. Si algo es demasiado difícil, puedes perder el enfoque porque te esfuerzas demasiado en algo y no consigues nada en tus esfuerzos. Encuentra un equilibrio entre aburrimiento y dificultad, y te mantendrás más enfocado y organizado en la tarea en cuestión.

Controla Tus Sentimientos

Muchas personas actúan según sus emociones o, en otras palabras, actúan por impulso. Esto se debe principalmente a que no son honestos consigo mismos acerca de por qué sienten cómo pueden hacerlo. Cuando aprendas a ser honesto contigo mismo acerca de cómo te siente con respecto a un escenario, objeto o tarea en particular, será más fácil reaccionar y que te comportes de manera organizada o colectiva. La ansiedad proviene de no saber cómo nos sentimos o por qué, así que practica etiquetar tus emociones a medida que surjan para que no parezcan misteriosas, y la ansiedad no girará en torno a tus sentimientos.

Mantener El Enfoque

Los estudios han demostrado que se necesitan aproximadamente de cinco a veinte minutos para involucrarse completamente en lo que está haciendo. Para mantener la atención y la concentración para un mejor flujo, debes persistir en tu actividad durante ese tiempo. La forma más fácil de lograr esto es guardar todas tus distracciones, incluido tu teléfono, el televisor y las notificaciones innecesarias. Después de la marca de veinte minutos de enfoque completo, puedes encontrar el flujo que necesitabas para mantenerte enfocado.

Los Descansos Son Necesarios

Cuando hacemos algo durante demasiado tiempo, nos quemamos inconscientemente. Por ejemplo, si tu eres escritor y entras en tu flujo sin tomarte un descanso, notarás que tus ojos se vuelven pesados y tus dedos se encogen después de trabajar durante tres horas seguidas. Aunque hayas estado fuerte durante bastante tiempo, sin interrupciones, la estructura de tu oración puede salir desorientada. Incluso puedes notar que tus ideas se desvían. Los investigadores creen que el trabajo productivo proviene de trabajar apenas una hora, mientras que tener unos veinte minutos para un descanso cada hora es más eficiente. A veces esto no es realista, pero trata de darte un respiro cuando puedas.

Sé Fácilmente Ajustable

La cuestión de tomar descansos es que si tomas un descanso *demasiado* largo, tus ideas o enfoque pueden no ser lo que eran cuando estabas "en la zona". Sin embargo, toma un descanso *demasiado corto* y puede te encuentras demasiado cansado para concentrarte en lo que necesitas hacer. Organizar el tiempo que toma tu descanso puede relajar tu mente y permitirte continuar con tu tarea.

La organización tiene que ver con el equilibrio. A

medida que te familiarices con los métodos anteriores, encontrarás lo que funciona mejor para tí. Aprenderás lo que es demasiado desafiante y lo que es demasiado fácil. Notarás la utilidad de los descansos y su longitud, e incluso puedes comenzar a desarrollar un hábito completamente diferente a partir de esta guía. Mantenerte organizado significa estar al tanto de las cosas que son más importantes para tí. Estas cinco estrategias pueden orientar las cosas que haces en tu vida. Puedes aplicarlo a la paternidad, las relaciones, la cocina, la meditación y cualquier otra cosa, lo que te permite ser más productivo en todo lo que hagas.

La Meditación Es La Única Respuesta

Hay una lista *interminable* de técnicas de meditación que puedes usar. Esto se debe a que la meditación es una herramienta para reentrenar o reprogramar la mente. Se usa en sesiones de terapia, acondicionamiento físico y yoga, y en el crecimiento personal. No analizaremos todas estas técnicas; en cambio, es mejor aprender los conceptos básicos de técnicas específicas por ahora. Una vez que hayas dominado el método de respiración, puedes pasar a las técnicas más profundas de meditación, que incluyen el *auto reconocimiento* y la *iluminación espiritual.* Todas las prácticas de meditación consisten en vaciar la mente y enfocarte en tu respiración. Para los principiantes, puede ser complicado calmar la mente y concentrarse solo en la respiración. Por lo tanto, debes comenzar con la *meditación de concentración.*

El propósito de la **meditación de concentración** es entrenar tu cerebro para recuperar el enfoque más rápido. Te ayuda a practicar enfocar tu atención en una cosa a la vez, que podría ser tu aliento, una palabra o frase, una cosa en la habitación o el tictac de un reloj. Para comenzar la meditación, puedes meditar durante cinco a diez minutos hasta que te sientas más cómodo y experimentado, trabajando hasta una hora o más. Cada vez que notes que tu mente o pensamientos vagan, regresa tu atención a lo que inicialmente te enfocaste. A medida que tengas más experiencia con esta meditación, tu capacidad de concentración mejorará y se volverá más precisa.

La próxima técnica de meditación con la que comenzarán casi todos los principiantes es la atención plena. La meditación de atención plena permite a las personas observar sus pensamientos sin juzgarlos o etiquetarlos. El propósito es desconectarse emocionalmente de sus ideas para poder encontrar la raíz de sus patrones de pensamiento negativos y de dónde provienen. A medida que adquieras más experiencia en la atención plena, hay otras técnicas de atención plena que puedes usar en tu vida de vigilia, ya que estás totalmente consciente. Esto es necesario para ayudarte a ser más consciente de ti mismo, de tu entorno y de quienes te rodean. Por ejemplo, una forma de practicar la técnica de concentración es sostener una taza de café caliente o frío (cualquier bebida de elección) y simplemente notarlo. Míralo como si lo estuvieras mirando por primera vez. Siente el calor (o frío) en tus manos y abraza el olor o la textura de tu bebida en tu lengua. Hazte uno con el vidrio, existiendo juntos en el mismo espacio sin juzgar la existencia del otro.

Una vez que estas dos técnicas básicas de meditación se familiaricen, puedes comenzar a descubrir qué otros métodos son cómodos para tí. Muchas técnicas de meditación incluyen *gratitud y perdón por la empatía*. La **curación del Reiki** es principalmente extraer energía de ti mismo para sanar lo que está frente a ti o a distancia. La **iluminación espiritual** implica la visualización de uno mismo como hacia afuera de tí, tu casa, tu ciudad, tu continente, tu mundo y tu universo; El objetivo es comprender que los problemas que enfrentas en este momento son pequeños en oposición a lo que está más allá de nuestra atención. Junto con estos diversos métodos de meditación, cada uno tiene sus propios beneficios. La mayoría de estos beneficios generales de meditación incluirían:

- Disminución en los resultados de la presión arterial
- Frecuencia cardíaca general reducida
- Menos ansiedad y depresión
- Niveles más bajos de la hormona cortisol
- Sentirse descansado, relajado y más en paz
- Mejor capacidad para manejar el estrés
- Mejores patrones de sueño

Ten cuidado cuando medites porque en la *intención* detrás de tu meditación está *todo*. Si esperas resultados de inmediato, estarás esperando eternamente para lograr notar cualquier diferencia. Sin embargo, si tienes la intención de probar y convertirlo en un hábito diario, verás más y más beneficios después de un tiempo. No importa cuál sea tu intención o qué ejercicio de meditación practiques, casi todos los métodos de meditación siguen este patrón:

Paso Uno: Pónte cómodo acostado o sentado.

Paso Dos: Cierra los ojos.

Paso Tres: Continúa respirando naturalmente, notando de dónde proviene tu respiración: nariz, pecho, estómago, etc.

Paso Cuatro: una vez que estés completamente relajado o te sienta más tranquilo, presta atención al flujo de tu respiración. Observa cómo se mueve tu cuerpo con cada inhalación y exhalación. Concéntrate en cómo se siente tu respiración. ¿Hace calor o frío? ¿Puedes sentirlo en tu garganta o por la nariz?

Paso Cinco: Continúa este proceso, enfocándote intencionalmente solo en tu respiración. Cuando tu mente empiece a divagar, fíjate y vuelve a concentrarte en tu respiración.

Al principio, tu mente puede vagar inevitablemente, y eso está bien. Parte del aprendizaje para meditar es que no hay una forma correcta o incorrecta de hacerlo. Cada sesión debe durar unos veinte minutos o más, pero para alguien que recién está comenzando, es posible que solo se sientan cómodos meditando durante tres a cinco minutos. Haz de la meditación un hábito diario para que puedas crecer hacia el éxito y ser uno contigo mismo como individuo.

Cuando se trata de solucionar problemas en tu vida, debes darte cuenta de que vencer a ese crítico interno, controlar tus hábitos de pensamiento excesivo y desarrollar hábitos saludables requiere mucho esfuerzo. Nada por lo que valga la pena luchar es seguro, y nada fácil vale tu tiempo. En el siguiente capítulo, aprenderás más sobre cómo despejar tu mente para siempre y mantener la positividad mientras te cuidas a ti mismo. El crecimiento personal se trata de comprometerte a cambiar tu perspectiva en la forma en que ves la negatividad.

Capítulo Cinco: Cómo Despejar La Mente Desordenada

La positividad es vital si quieres despejar tu mente. Con una actitud positiva y la firme decisión de cambiar de negativo a positivo, desarrolla una sensación de paz y felicidad. Como se mencionó anteriormente, lo que pones en el universo, el universo te lo devolverá, por lo que cuando vuelvas a cablear tu cerebro para que se adhiera a lo positivo, notarás más cosas positivas a tu alrededor, lo que hará que disminuya tu nivel de estrés. Lo difícil de ser positivo es que una vez que has estado en la mentalidad negativa durante tanto tiempo, te vuelves propenso a la negatividad. La negatividad termina tomando tu enfoque principal a menos que puedas dedicarte a desafiar a tu crítico interno y elegir ver tu vida bajo una luz diferente. La razón por la que es tan fácil ser dañino es que en nuestros primeros años en las cavernas, cuando éramos cazadores-recolectores, era instintivo estar en guardia y protegernos del daño. En aquellos días, el peligro estaba en todas partes. Gracias a la **neuroplasticidad**, la *reenmarcamiento de contenido* y la **terapia cognitiva conductual (TCC)**, entre otras prácticas, podemos aprender a revertir esta naturaleza inherente dentro de nosotros mismos.

Robert Stickgold, profesor de psiquiatría en la Universidad de Harvard, realizó un experimento que gira en torno al juego Tetris, llamándolo **Efecto de Aprendizaje de Tetris**. Comenzó cuando Stickgold fue de excursión de vacaciones; Cuando se durmió esa noche, soñó con ir de excursión. Su filosofía era que, en términos de Tetris, cuanto más jugamos, más lo practicamos en nuestra vida de vigilia, lo que puede incluir reorganizar los armarios en casa, empacar cajas en el almacenamiento u organizar la comida en un plato. Stickgold formó un grupo de estudiantes universitarios que jugaron Tetris para jugar el juego en su laboratorio, y luego pasarían la noche allí.

Los resultados que encontró de su estudio fueron que más del 60% de los participantes informaron que soñaban con las piezas de Tetris caídas y colocadas juntas. En un estudio diferente de 2009, los investigadores descubrieron que jugar Tetris puede hacer que la materia gris en el cerebro sea más gruesa. El efecto de aprendizaje de Tetris dedujo que cuanto más jugaban los participantes, más fácil se volvía, y las personas no tendrían que intentar o pensar tanto para no perder. El estudio de 2009 mostró cómo Tetris tenía la capacidad de afectar la **plasticidad** del cerebro y su disposición a cambiar. El cerebro hace conexiones a través de las sinapsis y al aprender algo nuevo, y estas sinapsis se disparan, lo que hace que las conexiones sean más duraderas y eficientes. En conclusión a lo que Stickgold

estaba buscando, el Proyecto Efecto Tetris afirmó que cuando haces tareas específicas de forma repetitiva, tu cerebro se acostumbra a ello: cuanto más promuevas el optimismo en tu vida, más fácil crecerá hasta que parezca una segunda naturaleza. . La negatividad sería cosa del pasado, y todo lo que tendrías que hacer es cambiar tu mentalidad y la forma en que te preocupas y piensas demasiado.

Reenmarca La Forma En Que Piensas Para Promover Un Estilo De Vida Optimista

Con toda la información que has aprendido hasta ahora, es fácil entender que el poder reenmarcar tu perspectiva, también influirá en tus pensamientos, sentimientos y comportamientos. Por ejemplo, alguien propenso a pensar negativamente puede ver un "día libre" o un revés como el fin del mundo, mientras que alguien que tiene una perspectiva optimista verá sus días malos y decepciones como una oportunidad para mejorar al venir con soluciones creativas. Entonces, si eres propenso a la negatividad y las opiniones pesimistas, te preguntarás cómo puedes cambiar tu perspectiva. Lo primero que debes tener en cuenta es que necesitas *dedicación*, *motivación* y *persistencia*. Tal como sugiere el efecto Tetris, cuanto más haces algo, más flexible se vuelve tu cerebro, lo que te permite realizar tareas automáticamente. Las siguientes son algunas cosas que puedes probar.

Mira o Escucha a Tu Crítico Interno

Con frecuencia, no nos damos cuenta cuando tenemos pensamientos negativos hasta que estamos de mal humor sin razón aparente. Podemos intentar ser optimistas, pero parece que no importa lo que hagamos, siempre tenemos estas experiencias negativas. Esto se debe a que no somos tan conscientes de que nuestra negatividad, cuando afecta nuestras vidas, se convierte en un hábito. Otras veces las personas pueden notar sus pensamientos pesimistas pero los ignoran, creyendo que se irán, *mal.* Para comenzar, debes prestar atención a cuándo te sientes *mal* y sintonizar estos pensamientos. Tal vez tuviste un pensamiento por una fracción de segundo y desapareció, pero ese mismo pensamiento podría afectar todo tu día. Cuando aprendemos a reconocer nuestros sentimientos, podemos comenzar a prestarles atención, notando el efecto que estos pensamientos tienen en nosotros.

Para dominar esto, practicar la atención plena y

la autoconciencia nos permitirá observar nuestros pensamientos sin juzgarnos para llevarnos al siguiente paso: despejar nuestras mentes.

Dá Pasos De Bebé

Algunas personas se sienten abrumadas con sus pensamientos y consideran que esta es la razón por la que los rechazan. **Pensar en exceso** lleva a una preocupación excesiva, que luego lleva a una espiral descendente de puntos de vista pesimistas. Sin embargo, cuando cambies tu perspectiva y trates de vivir una vida más saludable, dá pasos pequeños. Cuando piensas como un niño, puedes imaginar cómo su mundo aún no ha sido introducido a la negatividad, por lo que prosperan con el instinto y el aprendizaje constante. Los bebés aprenden a sentarse solos, darse la vuelta, gatear y, finalmente, caminar y hablar. Este es el mismo enfoque que debes usar en tu propia vida para cambiar tu perspectiva, lo que puede requerir mucho más trabajo del que la mayoría de la gente piensa. En lugar de fallar y pensar: "Nunca seré lo suficientemente bueno, ¿qué me pasa? ¿Por qué no puedo hacerlo? "Intenta pensar:" Hoy podría haber fallado, pero es solo un paso hacia el éxito. ¿Qué puedo sacar de esta experiencia? ¿Qué he aprendido? "Similar a escuchar a tu crítico interno, es notar tus pensamientos y cambiarlos. Haz esto, una y otra vez, siendo persistente y paciente contigo mismo. Finalmente, al igual que el efecto Tetris, comenzarás a entenderlo.

Encuadre Sistemático

El **encuadre sistemático** es una forma de pensar sobre las cosas desde un punto de vista más significativo. Cada acción resulta en una reacción, como un efecto dominó. Cuando piensas sistemáticamente, estás tratando conscientemente de dar sentido a tus pensamientos a través de la observación y la conciencia. Si hicieras algo en base a tus sentimiento tristes, ¿qué pasaría? El encuadre sistemático es la forma de causa y efecto de ver tu entorno y tus comportamientos.

Encuadre Ecológico

Este pensamiento implica sopesar los pros y los contras de tus elecciones. ¿Qué pasará a largo plazo con esta decisión? Si sigo pensando de esta manera, ¿qué pasará dentro de tres o cinco años? ¿Este conflicto o problema con el que estoy lidiando tendrá un efecto duradero en mi futuro? El **encuadre ecológico** se trata de mirar tus pensamientos, sentimientos y comportamientos y pensar cuidadosamente antes de hacer nada. Por ejemplo, si compraras un regalo costoso para ti u otra persona, ¿cómo afectaría a tu relación o tus finanzas? ¿Puedes hacerlo ahora, o deberías esperar hasta que tengas más dinero o la idea de regalo salga a la venta? ¿Deberías hacerlo?

Vé Las Fallas De Un Modo Diferente

Esta forma de pensar es la clave para construir el éxito. Cuando puedes ver los errores que has cometido y convertirlos en crecimiento, te enseñas a tí mismo cómo asumir la responsabilidad de tus pensamientos y acciones, promoviendo mejores habilidades para la toma de decisiones.

Los solucionadores de problemas son los que pueden ver los problemas como oportunidades. Algunas cosas que debes preguntarte para desarrollar esta mentalidad sin pensarlo demasiado: ¿Qué sucede si no hago nada? ¿Qué no he probado en comparación con lo que ya tengo? ¿Por qué es esto un problema y por qué me molesta tanto? Al hacerte estas preguntas cruciales, le permitirás a tu cerebro pensar en soluciones en lugar de detenerte en el problema real, lo que conduce al crecimiento individual y a una perspectiva positiva.

Estas cinco actitudes de reformulación del

pensamiento pueden promover el optimismo y crear un resultado diferente al de pensar demasiado y continuar con tus hábitos negativos. Cada uno de estos métodos de reencuadre te ayudará a eliminar fallas y contratiempos porque estás haciendo un cambio al hacer las cosas impulsivamente. El éxito en despejar tu mente se trata de cambiar tu perspectiva, cuidarte adecuadamente y eliminar los estresores innecesarios en tu vida.

Ahora que hemos tocado cómo replantear tu pensamiento para mejor, es hora de aprender cómo hacer de la positividad un hábito. Como se mencionó anteriormente, un patrón es cuando haces algo regularmente que se convierte en una segunda naturaleza. No podrás hacer todos los siguientes ejemplos todos los días, pero cuanto más optimismo llegue a tu vida, mejor estarás y más cerca estarás de tener una vida relajada y pacífica.

Dale La Bienvenida a Las Influencias Positivas En Tu Vida

Digamos que estás haciendo todo lo posible para cambiar tu mentalidad y desorientar tu mente, pero hay algunas personas que te desanima. Quizás sean unas pocas personas. Quizás es el hecho de que estás rodeado de tanta negatividad que no notas el efecto que tienen en ti. Hablaremos más sobre las relaciones tóxicas en el próximo capítulo, pero estar cerca de personas negativas puede obstaculizar dramáticamente tu crecimiento personal. ¿Alguna vez has hablado con alguien y luego te sentiste bien con la conversación e incluso contigo? Esta es la *influencia positiva* que debes buscar para encontrar más.

Sé Responsable De Tus Acciones

Muchas personas se sienten víctimas de su negatividad y buscan compasión o empatía de los demás, y a menudo crean excusas para justificar su comportamiento. A menudo, el individuo no se da cuenta de que está haciendo esto y de su efecto en otras personas, pero justificar estas acciones con una excusa puede ser un auto-sabotaje. Al hacerlo, te das una razón para continuar con estos hábitos pesimistas.

En cambio, entiende por qué sucedió el evento, ¿podría haber sido por tí? ¿Fue algo que dijiste, hiciste o pensaste? Asume la responsabilidad de las cosas que has hecho y haz el esfuerzo de cambiar el resultado si volviera a suceder.

Lee Afirmaciones Positivas Con Las Que Puedas Identificarte

No todas las afirmaciones positivas son algo con lo que puedas relacionarte. Por lo tanto, cuando intentes cambiar tu perspectiva y desarrollar hábitos positivos, encuentra frases y citas que te definan. Encuentra palabras y afirmaciones que quieras que alguien te diga o que quieras lograr. Por ejemplo, si el miedo te detiene, encuentra una declaración que diga algo como que el miedo puede detenerte o empujarte hacia adelante: la elección es tuya. Para cualquier cosa con la que luches acompañado de pensamientos negativos, encuentra una cita *opuesta* y cuelga las palabras en tu pared o escríbelas en tarjetas portátiles para llevarlas contigo.

Reemplaza Frases o Palabras Negativas

No puedo enfatizar en esto lo suficiente, pero para salir de tu punto de vista negativo, debes aprender a desafiar cada pensamiento que tu crítico interno te dice. Parte del proceso significa comprender el pensamiento que surge, luego reemplazar una palabra en la oración del crítico interno por algo optimista. Por ejemplo, toma la frase: "Nunca aprenderé de mis errores. Siempre sigo haciendo lo mismo." En cambio, podrías decir:" Siento que siempre estoy fallando, pero siempre estoy aprendiendo." El objetivo no es sólo convertir tus pensamientos en una visión expertamente positiva, sino también hacer que tu perspectiva sea más realista. Las palabras absolutas como *siempre* y *nunca* pueden presionarte tanto para que tengas éxito que tus objetivos se volverían poco realistas: recuerda los pequeños pasos.

Desarrolla Una Mentalidad Ambiciosa

Una persona segura de sí misma que tiene su vida y su mente juntas es alguien que está orientado a objetivos y persigue sus sueños. Es fácil perder el rastro y quedarte atrás cuando no tienes un motivo sobre hacia dónde se dirige tu vida. Las metas y los sueños te dan la motivación para lograr algo más grande que tú. También le dan un propósito a tu vida, que es la base de una mente despejada. Cuando logras algo hacia tus metas más grandes, recompénsate. O, si deseas inspirarte gradualmente, intenta reservar del 10 al 20% de cada cheque que recibas para una compra de placer que puedas obtener más adelante.

Felicita y Ayuda a Los Demás

Se dice que al ayudar a la comunidad a través del trabajo de caridad o voluntariado, obtendrás una sensación de logro profundo, ya que este comportamiento aumenta los niveles de *serotonina* y *oxitocina* en tu cerebro (que son las hormonas de "sentirse bien").

Lo mismo ocurre cuando felicitas a las personas. Se enciende una chispa en nuestras mentes liberando estas hormonas para sentirse bien, y también nos permite sentir empatía y seguridad al poder alegrarle el día a otra persona. Para agregar, al entregar afirmaciones a los demás, das vibraciones positivas al universo y es probable que recibas el mismo tratamiento, si no mejor, más adelante. Cuando elogias a alguien, asegúrate de que tu cumplido sea genuino y honesto; de lo contrario, tu mejor opción es no decir nada en absoluto.

Cuando te esfuerzas por hacer una o tres cosas positivas todos los días, puedes sentirte más ligero y más relajado a un nivel más profundo. Estos hábitos positivos son la medicina del alma para estar mentalmente bien. Continuar viendo lo positivo todos los días; felicítate por levantarte de la cama porque otros no tienen esa fuerza en este momento. Agradece las cosas que tienes y las relaciones que valoras ahora y todos los días. Define las consecuencias de la negatividad y ve la felicidad en todos los aspectos de tu vida. Haz sonreír a alguien o comienza siendo amable con la naturaleza y los animales. Eventualmente, desarrollarás un optimismo que ni siquiera notarás hasta que un día tus pensamientos una vez negativos se hayan vuelto alegres y menos estresantes.

Sé Tu Propio Mejor Amigo

Nuestras mentes están tan ocupadas todos los días con más de 70,000 pensamientos que llegan a nuestra mente consciente a diario, y eso sin contar los pensamientos subconscientes. Otra forma de ver una mente relajada y despejada es cuando finalmente sientes que no siempre estás pensando. Es cuando sientes que hay poco o nada que te estresa, y confías en tu autoestima y te sientes menos pesimista. ¿No suena esto como algo que desearías para uno de tus amigos más cercanos?

Si tu respuesta es *sí*, ¿quién dice que no puedes querer esto también para tí? Esto es lo que significa ser *tu propio mejor amigo*. Cuando aprendes a tomarte un tiempo para ti mismo, desafiando tus inseguridades a nuevos límites y siendo tu persona de apoyo, crecerá un nuevo sentido de independencia. Esta autonomía te hará sentir mejor contigo mismo, lo que en última instancia aumentará tu autoestima. Entonces, ¿cuál es nuestra definición de un **mejor amigo**? Por lo general, es alguien en quien puedes confiar, con quien hablar y desahogarte, levantar tu ánimo cuando estás deprimido y ser tu compañero en el crimen cuando la vida te golpea con fuerza. Lo que quieras en un mejor amigo, trata de convertirlo en ti mismo para que puedas sentirte mejor como individuo. Las siguientes son estrategias para convertirte en tu mejor amigo.

Se Amable Contigo Mismo

Si desarrollas una mentalidad positiva o si te has familiarizado con tus atributos negativos, todos se superan a sí mismos. Debes hacer un esfuerzo para ser amable con quien eres, para que puedas ser el mejor amigo que quieras para otra persona, para ti mismo. Esto incluiría fortalecerte cuando estés deprimido, establecer objetivos realistas y dejar de lado tu perfeccionismo. Haz una lista de todas las cosas que te gustan o has escuchado sobre ti. ¿Eres más fuerte de lo que te crees? ¿Eres creativo? ¿Honesto y genuino? ¿Qué talentos tienes? Cuando ese cruel crítico interno empiece a desanimarte, pregúntate: ¿por qué le diría esto a uno de mis mejores amigos? Esto puede cambiar tu forma de pensar casi de inmediato.

Mantén Límites Firmes a Tus Propias Necesidades

Todos tenemos necesidades, pero la mayoría de nosotros las ignoramos o las descartamos porque creemos que honrarlas puede ser egoísta. Sin embargo, ¿qué le dirías a un amigo que necesita desesperadamente autocuidado y control? Querrás lo mejor para él y probablemente les digas que a veces debes ser egoísta para llegar a donde quieres ir. Lo mismo va para ti.

Hay una gran diferencia entre ser *egoísta* y ser *egocéntrico*. **Egoísta** se es cuando trabajas en ti mismo y tratas de apuntar hacia el crecimiento personal, como calmar tu mente desordenada y desarrollar hábitos positivos. Ser **egocéntrico** significa pensar solo en ti mismo y olvidar las necesidades de los demás porque te sientes con derecho y por encima de todos los demás. También existe el **narcisismo:** el factor *yo, yo, yo*. Sigue tu consejo sobre lo que le dirías a uno de tus amigos y sé más egoísta.

Dar Un Paso Atrás

Cuando nos involucramos demasiado con nuestro drama o el drama de nuestra pareja y las relaciones interpersonales, nuestros pensamientos se nublan, lo que nos impide pensar con claridad. Tenemos un apego emocional a todo lo que sucede a nuestro alrededor y dentro de nosotros. Recuerda que los pensamientos y los hechos no están directamente relacionados; Los pensamientos son meramente provocados por nuestra reacción a nuestro entorno. Si luchas con pensamientos conscientes sobre cómo eres un fracaso o si nunca puedes ser suficiente para lograr algo, *da un paso atrás*. Esto es lo que la práctica de la atención plena te ayuda a lograr: es cuando puedes dar un paso atrás, separarte emocionalmente de tí y ver tus pensamientos como solo palabras u oraciones. Al hacer esto, también dá un paso atrás y evalúa tus creencias para así poder tener una visión más clara de cómo te sientes. También te ayudará a desafiar esas palabras negativas y reemplazarlas como aprendimos anteriormente.

Se Compasivo y Perdona Tu Propio Dolor

La **compasión** es la capacidad de aceptar lo que está sucediendo en el momento y estar en paz con eso. No implica etiquetado o crítica. No es crítico, ni es cínico. Ser **autocompasivo** significa hacerte saber que las cosas estarán bien y darte un cálido abrazo de la misma manera que lo hizo tu madre. La verdadera autocompasión significa que puedes contar contigo mismo para estar allí para tu dolor y reconocer que lleva tiempo curarte.

Felicítate

Cuando no estén seguros de su atuendo o su cabello, o cuando tengan dudas sobre cómo será su cita, díganse las cosas que su mejor amigo les diría. Incluso si no lo creen, es probable que se sientan mejor al felicitarse, lo que les dará más confianza en su próximo evento. Todas las mañanas cuando te despiertes, dite algo que te guste de ti. Si esto se vuelve demasiado difícil, pídele a un amigo que escriba algo sincero que piense de ti y ponlo en el espejo de tu baño como recordatorio. Una vez que veas lo mismo todos los días, tu cerebro comenzará a reconocer estos dichos y sucederá automáticamente y sin esfuerzo.

Sé Consciente De Las Cosas Que Te Distraen

Como aprendiste anteriormente, parte del desorden mental es la lista desalentadora que se encuentra en tu tocador o en el fondo de tu mente de todas las cosas que aún tienes que hacer. Conoce estas distracciones y acostúmbrate a deshacerte de una de las tareas pendientes una vez al día. Asegúrate de que tu *fealdad visual*, el desorden de tu entorno, también sea atendido para que esto no distraiga tu mente de desarrollar hábitos positivos.

Sé Duro Contigo Mismo De La Manera Correcta

¿Comes en exceso o comes poco cuando estás estresado? ¿Extiendes el límite de tu tarjeta de crédito para sentirse mejor? ¿Te saltas tu entrenamiento matutino algunos días porque no tienes ganas? Estos hábitos pueden convertirse lentamente en malos, resultando en deudas costosas, problemas de peso y pereza. Los ejercicios que se enseñan a través del cuidado personal, como comer bien, hacer ejercicio con más frecuencia y tomar el tiempo de inactividad que tanto necesita, son ejercicios que producen una mente sana. Si se olvidan estas tareas, entonces un patrón de viejos hábitos que se repiten solo te harán sentir inútil y pesimista nuevamente. No dejes que surjan estos viejos hábitos y concédete un poco de amor duro para hacer estas cosas. ¿Recuerdas el efecto Tetris? Haz lo suficiente hasta que no parezca trabajo, y obtendrás conocimiento y perspectiva para una vida más saludable.

Otra cosa que puedes hacer para inspirarte y sentirte realmente feliz es escribirte una carta. Escribe una carta y pégala; debería decir algo como:

Estoy aquí para ti; Te amo y acepto todo sobre ti. Te animaré cuando estés deprimido, y estaré allí en tus mejores momentos. Te ayudaré a elegir la positividad, y te aceptaré por todo lo que eres, incluidas tus fallas.

Tómate un momento y lee esta carta para tí. ¿Qué sientes? ¿Se siente tonto o motivador? ¿Se siente raro o representa quién eres por dentro? No importa lo que pienses, no ignores los sentimientos reales que surgirán de esto, ya que aprender a ser tu mejor amigo requiere tanto fuerza como orientación. Así como no hay una forma correcta o incorrecta de amar a otra persona y cuidarla, así es para tí.

Capítulo Seis: Organizando Tus Relaciones

Lo creas o no, las relaciones que mantienes en tu vida representan alrededor del 80% de lo que influye en ti y en tus patrones de pensamiento. Por ejemplo, si siempre estás cerca de un amigo cínico, probablemente sentirás el cinismo a través de su aura, su energía y su lenguaje corporal. Casi toda la comunicación que usamos diariamente es no verbal. Entonces, cuando atrapamos vibraciones y se nos hace un nudo en la boca del estómago, es nuestra intuición o naturaleza instintiva que apunta a algo en el comportamiento de otra persona. Otro ejemplo es si estabas interactuando con alguien confiado y cómodo consigo mismo, quien emite vibraciones positivas. Esta retroalimentación positiva también puede hacerte sentir bien contigo mismo, lo que representará tus pensamientos, sentimientos y comportamientos en el momento presente. Una mente desordenada se trata de lo que te dices a ti mismo junto con qué y de quién te rodeas. Tus pensamientos son la base de lo que dejas que suceda en tu vida.

Cuando das un paso atrás y miras a las personas que parecen tener sus vidas juntas, puedes observar que tienen un trabajo que aman, una familia que cuidan y suficiente tiempo de inactividad para disfrutar. Sin embargo, si inspeccionas más de cerca, puedes ver que su mundo no es exactamente perfecto, pero la compañía que mantienen es de apoyo. La vida siempre avanza, y muchas relaciones llenan el vacío de la soledad, promoviendo el *amor propio.* Sin embargo, las relaciones tóxicas y poco saludables pueden aumentar la probabilidad de *destrucción mental.* Todas las afiliaciones son exigentes y requieren tanto trabajo como atención, ya sea que estas personas sean amigos, enemigos, familiares o compañeros de vida. Las conexiones que haces en tu vida están ahí para apoyarte y elevarte o derribarte y aprovecharse de ti. Al analizar las relaciones en tu vida, puedes comenzar a organizarlas y descubrir cuáles son las que debes mantener y cuáles es mejor eliminar. Primero veremos lo que se necesitas para establecer relaciones saludables; entonces puedes descubrir cuáles son las tóxicas en tu vida. Al final de este capítulo, comprenderás claramente qué relaciones pueden causar desorden mental y cuáles no.

¿Qué Hace Que Una Relación Sea Saludable?

La definición de cada persona de una relación saludable es diferente, pero por el bien de la discusión, digamos que una relación saludable es aquella en la que ambas partes trabajan y se esfuerzan por establecer una conexión duradera. Al conocer a alguien por primera vez, juzgamos automáticamente la relación que tenemos con esta persona. Determinamos si se sienten más cerca del hogar (*familia*) si se sienten interesados (*una pareja romántica*) o si se sienten como guía (*un amigo*). A medida que conoces a esta persona, piensas, sientes y actúas de diferentes maneras en un intento de transformar tu relación en lo que esperas que sea. Por ejemplo, si te sientes románticamente interesado en la persona, encenderás tu encanto y coquetearás; mientras que si siente más una vibra de orientación personal de esta persona, probará si puedes confiar en ella o no diciéndole secretos que no te importaría que se sepan.

En verdad, no importa qué conexiones tengas en tu vida, todas las saludables deben girar primero en torno a algunos factores esenciales:

Honestidad

Un elemento primario a reconocer es la cantidad de *sinceridad* que se refleja en tus relaciones. Puedes estar en guardia con este, ya que las relaciones tóxicas pueden sentirse honestas cuando, en realidad, se basan en la *manipulación.* Si bien eres razonable y seguro en tu incipiente romance o futuro socio comercial, podrían tener otras intenciones. Ser honesto en ambos extremos puede promover la estructura y la estabilidad en cualquier relación.

Respeto

Esto es complicado porque a menudo, la forma en que nos tratamos a nosotros mismos moldea el comportamiento de como los *demás* te tratan a *ti también.* Por ejemplo, si te deprimes vocalmente o estás demasiado ocupado para interesarte por ti mismo, tu amigo, socio comercial o socio puede tratarte de la misma manera con el tiempo. Por más solidaria que pueda ser esta persona al principio, puede ser una tarea desafiante y desalentadora educar a alguien de manera consistente. *Respetarte a ti mismo* promueve el respeto de los demás para reconocerte y tratarte de la manera que mereces ser tratado. Para que se desarrolle una relación sana, debe haber respeto mutuo en ambas partes para que dure mucho tiempo.

Comunicación

La comunicación se presenta en varias formas y, en la mayoría de los casos, puede malinterpretarse en muchos niveles. Si tu lenguaje corporal no coincide con lo que estás diciendo, o tu tono no coincide con tu aura emocional, entonces otros pueden malinterpretarte muy rápidamente. Además, en la comunicación, debe haber un seguimiento de lo que se ha dicho; de lo contrario, puede construir un área para la *desconfianza*. Pueden tener dificultades para entenderse si provienen de diferentes culturas o si han sido criados de manera diferente; Sin embargo, aquí es donde la comunicación es *clave*. Aprender cómo la otra persona interpreta lo que dices mientras aprendes a expresarte mejor verbalmente son áreas en las que tú y tus relaciones pueden trabajar juntos para promover la salud. La comunicación se trata de aprender a escuchar, al tiempo que se puede enviar el mensaje correcto.

Felicidad

Los argumentos son inevitables; sin embargo, necesitas *satisfacción* para desarrollar relaciones saludables, ya que ayudará a hacer que estos desacuerdos sean más fáciles de manejar y de dejar de lado. Si no estás contento y discutes todo el tiempo sin resoluciones, parecerá que no tiene sentido continuar. Si amas o te preocupas genuinamente por el otro, puedes tener sentimientos conflictivos de dejar ir. Esto puede complicar cualquier escenario porque en lugar de enfocarte en tu relación, te enfocas en tus creencias internas, lo que hace que la felicidad se escape más lejos.

Compromiso

¿Es usted mayormente un *tomador* o un *donante*? Como los nombres implican, los **tomadores** son personas que toman mucho y dan poco, mientras que los **dadores** son personas que dan mucho sin esperar nada a cambio. Encontramos que los donantes son más empáticos y se aprovechan debido a su naturaleza amable. Sin embargo, las relaciones tienen que ver con dar *y* recibir, ya sea en un matrimonio o en una sociedad comercial. En desacuerdos, tiene que haber un término medio. Si tu amigo, familia o pareja te pregunta algo, averigüa el riesgo de lo que está solicitando y las consecuencias de si no lo haces. No hagas nada que sientas que terminaría con un resultado infeliz. Luego, piensa en los momentos en que han dado algo por tí. El compromiso tiene que ver con la toma de decisiones y el establecimiento de límites para que no camines sobre ellos y tampoco te den por sentado.

Independencia

Contrariamente a la creencia popular, pasar todo el tiempo con alguien puede *dañar* tu relación y tu identidad. Si no hay independencia hay codependencia, que en última instancia te quita lo que más quieres y lo que más quiere el otro. Está bien depender de tu amigo o compañero para las cosas, pero confiar en ellos para todo crea un **hábito dependiente** porque se hace más difícil pensar por ti mismo o hacer las cosas por tu cuenta. Cuando finalmente salgas de tu zona y hagas algo por ti mismo, el miembro de tu familia o compañero de trabajo puede sentir *resentimiento* hacia ti porque se ha formado el patrón de que vas a ellos por todo. La independencia es una cosa a la que nunca debes renunciar en ninguna relación.

Asociación

También conocida como **igualdad**, una asociación se trata de cómo ambos ejercen su peso en la relación. No puedes ser el único que se esfuerza o hace las cosas por el otro mientras éste se aprovecha y viceversa. Ninguna persona es la criada, el padre o la enfermera todo el tiempo, y aunque está bien desempeñar estos roles, debe provenir de *ambas* partes. Cuando te unes y trabajas en equipo, promueves una relación saludable.

Una cosa que queda fuera de esta lista es la **confianza**. Eso es porque la confianza es el ingrediente principal para todos estos elementos en la lista. Si no tienes fe, ¿cómo puedes confiar en que alguien te está diciendo la verdad cuando se comunica contigo? Sin confianza, no hay respeto, ni habrá felicidad porque ese será el tema principal de todas sus discusiones. La confianza es en ambos sentidos, y una vez que alguien la rompe, puede ser casi imposible recuperarla. Esto nos lleva a nuestro próximo tema.

Mantener La Confianza

Como todo en una relación saludable, confiar en alguien va en ambos sentidos. A menudo, damos confianza inconscientemente y con poco pensamiento. Por ejemplo, cuando te subes a un avión para irte de vacaciones, confías en que el piloto no bloqueará su vuelo y garantizará tu seguridad. También podemos verlo cuando le contamos a alguien un secreto importante sobre nosotros; confiamos en que ese secreto se mantendrá confidencial. Aquellos que son más escépticos, pueden tener más dificultades para creer en alguien debido a sus experiencias pasadas. Entonces, para aquellos de ustedes que son más escépticos, la pregunta sigue siendo: ¿cómo pueden construir y mantener una relación de confianza nuevamente?

Todo comienza cuando te tomas un momento y piensas en las cosas desde la perspectiva de la otra parte. Lo más probable es que también hayan sido lastimados, pero ¿eres amigo o enemigo del pasado? Probablemente estés tratando de ser amigo. Con personas confiadas, primero debes construir tu confianza y estar dispuesto a comprender sus patrones de confianza.

Confiar En Alguien Toma Tiempo

Permítete reconocer que las cosas no se pueden apresurar. Llegar a conocer a alguien requiere tiempo, esfuerzo, paciencia, y se gana confianza junto con respeto y honestidad. Crear confianza se trata de dar pequeños pasos; los compromisos de bebé pueden ayudar a construir comunicación dentro de tus relaciones. Con el tiempo, puedes comenzar a aceptar responsabilidades más significativas porque habrá una base clara para la honestidad. ¿Recuerdas la regla de dar y recibir? Si le estás dando confianza a otra persona, lo más probable es que recibas algo a cambio.

Piense Primero

Sobre todo cuando nos sentimos cómodos con alguien, sentimos la necesidad de abrirnos y confiarle cosas que normalmente no haríamos con nadie más. Sin embargo, esto a veces puede volverse y mordernos el trasero si no tenemos cuidado. Para evitar esto, continúa entendiendo mejor a la persona y piensa antes de actuar demasiado rápido sobre los sentimientos impulsivos.

Sé Empático Con Los Demás

La **empatía** es un rasgo en el que uno se pone en el lugar de alguien y al mismo tiempo tiene la misma fuerza para desconectarse de involucrarse. Es bueno sentir empatía por alguien, pero asegúrate de que tus propios límites estén en su lugar para que no puedan aprovecharse de tí. Modela este comportamiento también al no dar a los demás por sentado y valorar las relaciones de confianza que tienes. Comprende lo que significa dar y recibir, ya que puedes romper fácilmente la confianza cuando tú o la otra persona sienten que se dio demasiado sin recibir lo mismo a cambio.

Sé Honesto Acerca De Tus Sentimientos

Esta regla significa que siempre debes ser honesto y al mismo tiempo consciente de cómo te sientes. La honestidad es la mejor política cuando se trata de construir y mantener la confianza con alguien. Sin embargo, nunca escondas tus sentimientos tampoco. Si confías en alguien, siempre deberías sentirte cómodo siendo honesto con el otro acerca de cómo te sientes. Si descubres que te está costando abrir tus emociones, esta es tu intuición que te dice que debes dar un paso atrás y descubrir por qué no puedes hacerlo.

Siempre Asegúrate De Hacer Lo Mejor Para Tí

Esto puede parecer un poco egoísta, pero es como en la sección anterior del ejemplo: el egoísmo se trata de esforzarse por el crecimiento personal, centrado en uno mismo cuando haces todo por tí y por nadie más. Parte de hacer lo mejor para ti es confiar en tu instinto y mantenerte firme con tu moral y tus límites. Si alguien te dice algo con confianza pero algo no se siente bien, establece algunas pautas.

Asegúrate de que sepan que no se lo dirás a nadie y que pueden confiar en ti, pero discute amablemente que el tema es incómodo para tí y que probablemente haya alguien mejor con quien hablar. La honestidad y la confianza van de la mano. Cuando te mantienes fiel y firme a tus límites, otros verán esto como alentador e incluso te respetarán más. El respeto proviene de personas que valoran tu opinión y te ven como a alguien que se mantendrá honesto consigo mismo, incluso cuando la otra parte no esté de acuerdo. Es mejor permanecer leal y honesto que crear una mentira o no contar la historia completa.

Asumir La Responsabilidad De Tus Acciones

Puedes atraer a más personas positivas a tu vida al tomar crédito en lo que debes y no culpar a otras personas. Si alguna vez has tenido un amigo que siempre parece tener una excusa por las cosas que hace, puede que sientas que no puede confiarte ciertas cosas. También funciona al revés, por lo que admitir tus errores y disculparte sin justificar cuando estás equivocado son grandes pasos hacia adelante. Las personas desarrollan relaciones fuertes y saludables al sentir que pueden relacionarse entre sí. Si retratas la idea de que no puedes hacer nada malo, entonces creas una barrera para la conexión, ya que las personas pueden sentir que hay una diferencia innecesaria entre tu y ellos.

Estas reglas se aplican en todas las relaciones, incluidas aquellas con tus amigos, familiares, jefes, compañeros de trabajo, extraños y asociaciones. Si alguien ha roto tu confianza, puede ser difícil volver a confiar en él. Una cosa en la que debes pensar es si alguna vez han roto tu confianza antes de ese incidente. Si fue un error, probablemente sean genuinos al tratar de recuperar tu confianza, y podría ser beneficioso repasar su relación. Si han roto tu confianza en numerosas ocasiones, entonces puede ser un adiós agridulce por ahora. Si te aferras a la traición, podría ser más un problema interno recuperar el dolor pasado y culparte por ello.

Depende de ti determinar si puede y quiere perdonar a alguien después de romper tu confianza. Esto puede ser complicado porque significa que debes construir confianza en ti mismo para perdonar y pasar de la experiencia.

Construir y mantener relaciones de confianza son la base de alianzas sólidas. Es tan difícil confiar en alguien como recibir confianza de alguien, todo comienza por confiar en *ti mismo* primero. Cuando creemos en nosotros mismos, podemos ganar más confianza en nuestras decisiones y elegir si soltamos a alguien. También construye nuestra autoestima al identificar y dejar de lado las relaciones tóxicas y poco saludables.

Identificación De Toxicidad

Varias personas son tóxicas para tu salud y es posible que ni siquiera te dés cuenta. Pueden ser miembros de la familia, amigos cercanos o tu pareja. Una de las razones principales por las que puedes no notar si estás interactuando con una persona tóxica es porque es posible que no sepas que son tóxicas.

La naturaleza humana es apegarse a lo que es familiar y más cómodo en nuestras vidas, por lo que ignoramos las cosas negativas que están sucediendo con la esperanza de que las cosas se solucionen. Sin embargo, esto rara vez sucede. En cambio, confiamos en que no es necesario ningún cambio debido al vínculo que hemos creado. Por ejemplo, ¿cómo sospecharíamos que nuestros *padres* son tóxicos cuando ellos son los que nos criaron? Se supone que debemos confiar en ellos y buscar en ellos orientación y apoyo. ¿Cómo vamos a reconocer cuando nuestros mejores intereses no están en el corazón de nuestros compañeros? ¿Qué pasa con nuestro socio con el que hemos pasado tanto? ¿Son también tóxicos? La cuestión de la familiaridad y la seguridad es que creamos nuestra propia versión de lo que es seguro en nuestras propias mentes. Una vez que esto está en su lugar, es difícil ver lo negativo en las personas con las que compartimos nuestra empresa. En cambio, inventamos excusas que justifican las acciones de nuestros seres queridos y seguimos esforzándonos más con la esperanza de que puedan cambiar. Esta forma de pensar causa desorden mental y te hunde más de lo que tú mismo te hundes. ¿Esto te suena familiar? Ahora puedes preguntarte quién es tóxico en tu vida. ¿Cómo puedes despejar estas relaciones sin sentirte culpable?

Hay varios tipos de personas tóxicas en el mundo. A continuación se describen seis de ellos.

El Narcisista

El **narcisista** clásico toma todo el oxígeno de la habitación como las personas más egocéntricas de la Tierra. Carecen de empatía por los demás, tienen derecho y parecen pasivo-agresivos entre otros rasgos. Algunos dirían que la mayoría de las personas en la Tierra son narcisistas; sin embargo, no es un problema a menos que lo retraten en todos los aspectos de sus vidas. Los narcisistas manipularán a las personas para obtener lo que quieren y utilizarán las debilidades de los demás para hacerlos sentir culpables mientras nunca se responsabilizan de sus acciones. Con toxicidad, los narcisistas son el número uno en la lista.

El Fanático Del Control

El nombre habla por sí mismo. Un **fanático del control** es alguien que quiere controlar todo, hacer las cosas a su manera y ve sus opiniones como perfectas. Ellos juzgan cada acción que haces, cada pensamiento que tienes y te convencen de que su camino es mejor. Es posible que los escuche quejarse de cosas que no salieron bien, por lo que tuvieron que hacer las cosas ellos mismos. En una relación, es posible que esta persona te regañe sobre todo y tenga expectativas demasiado altas de ti para controlarte.

La Esponja Emocional

Ya sea emocional, mental o físico, es seguro decir que una esponja es una esponja. Estas personas tóxicas te harán sentir agotado emocional o mentalmente a diario. Se quejan constantemente de sus problemas y siempre ven las cosas negativamente porque no tienen nada positivo que decir. A veces puede mejorar, pero a menudo no lo hacen a menos que tomen medidas para dejar sus mochilas o busquen asesoramiento.

Los Reyes / Reinas Del Drama

¿Conoces a alguien que se nutre del drama y la atención todo el tiempo? Con estas personas, siempre hay algo mal; cuando se resuelve un problema, otro lo reemplaza. Cuando intentas darles tu opinión o consejo, se sienten cosificados y se enojan contigo. Esto se debe a que su única intención detrás de acudir a tí con sus problemas era buscar simpatía y piedad por sus circunstancias. Podrías ver una solución clara, pero los **reyes / reinas del drama**, siempre encontrarán todas las excusas de por qué no pueden o de que ya lo han intentado. Las reinas /

reyes del drama siempre están en modo de crisis porque se sienten importantes cuando tienen un estilo de vida ocupado y dramático.

El CC

C.C. representa a *una persona* ***Celosa*** *y* ***Crítica.*** ¿Alguna vez te has sentado con alguien y sentiste que te estaba juzgando en secreto durante toda la conversación? Su consejo es casi contradictorio y condescendiente. Los celos se derivan de tener niveles muy bajos de autoestima y confianza. Tienen tanto odio interno que proyectan sus sentimientos sobre ti. De esto proviene el juicio en el que sienten que todos los que los rodean son incompetentes, poco geniales o "están dispuestos a captarlos". Estas personas prosperan con los chismes, lo que hace que sea peligroso confiar en ellos. Nunca tienen sus mejores intereses en el corazón ya que su *rasgo C.C.* no ve nada más que su resentimiento hacia usted.

El Tanque

Lamentablemente, la mayoría de las veces, verás *el tanque* como alguien en la cima de la escala de negocios. **Un tanque** es alguien que persigue lo que quiere y no tiene problemas para aplastar a cualquiera que se interponga en su camino. Si creen que serás una barrera en su camino, te derribarán sin pensarlo dos veces. Los tanques son arrogantes, no empáticos y egoístas. Ven cada conversación, persona y evento como un desafío o un juego que deben ganar para recibir reconocimiento por su inteligencia.

Si alguien ha aparecido en tu cabeza mientras leía esta lista, es mejor pensar en las acciones que tanto necesitas para que puedas tomar medidas para librarte de tu círculo de confianza. Eso no quiere decir que tengas que cortar los lazos por completo, pero puede ser mejor aflojarlos gradualmente. Comprende que al aferrar tu apego a estas relaciones, estás produciendo un desorden mental innecesario, lo que disminuye tu capacidad de pensar. Debes saber lo que te mereces y minimizar la interacción que tienes con ellos mientras te concentras en obtener influencias más positivas en tu vida.

Capítulo Siete: Mantener Una Mente Tranquila

Todo lo que has aprendido hasta ahora es necesario para despejar tu sobrecarga mental. Pero el principal problema que surge al cambiar nuestras vidas es que los viejos hábitos pueden colarse y hacerse cargo. Por mucho que intentemos cambiar nuestros patrones de pensamiento, veamos una perspectiva diferente, reduzcamos nuestro espacio físico, reduzcamos el desorden digital y busquemos relaciones saludables, nuestras viejas vidas comenzarán a salir a la superficie con solo un error. Es fácil entender por qué: los hábitos mueren con dificultad porque estamos tan acostumbrados a ellos que tenemos patrones automáticos para cuando fallamos, y en respuesta, nuestros cerebros vuelven a las viejas formas. A veces podemos comenzar a pensar negativamente y desarrollar relaciones tóxicas gradualmente hasta que nos sentemos y pensemos: "¿Cómo llegué aquí?".

Lo que pasa con los hábitos que la mayoría de las personas no se dan cuenta es que algunos hábitos son el resultado de *patrones a largo plazo*. Por ejemplo, cuando éramos niños, aprendimos mucho de nuestro entorno, padres y compañeros. Estos entornos podrían ser saludables o no saludables, dependiendo de cómo te criaron. Esto incluye tu hogar y vida personal, tus modelos a seguir, tu cultura y sociedad, y tu idioma. Cuando somos adolescentes y adultos jóvenes que se esfuerzan por darle sentido a nuestra edad adulta y al universo cambiante que nos rodea, tomamos todo con lo que hemos crecido y lo llevamos a lo largo de nuestras vidas. Sin embargo, algunos de estos patrones no son saludables, e independientemente de cuánto intentemos cambiar nuestra negatividad y toxicidad a nuestro alrededor, nuestros viejos hábitos pueden volver en cualquier momento y dañar nuestro futuro. Sin embargo, no estás completamente condenado, como se mencionó en el capítulo cinco, el efecto Tetris funcionará si te tomas el tiempo necesario para implementar la técnica en las áreas de tu vida que más las necesita.

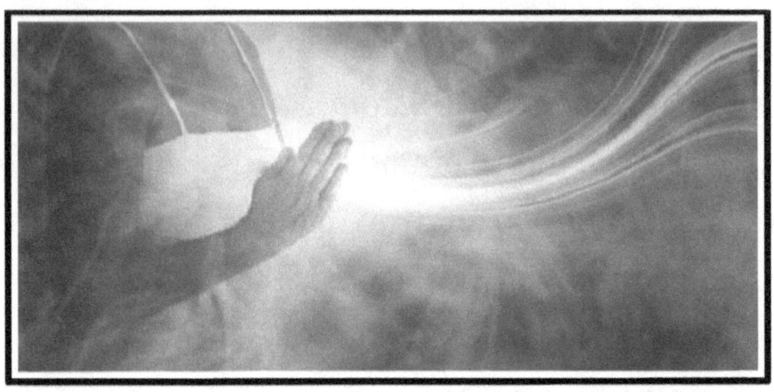

La razón por la cual los viejos hábitos son tan difíciles de romper es que se forman en el área del cerebro llamada ganglios basales, que recuerda las vías en las que se activan los nervios y las neuronas. Los ganglios basales son los principales responsables de la formación de hábitos, el proceso de aprendizaje a corto plazo y la adicción. Cualquier nuevo patrón o hábito que intentes formar o practicar puede desencadenar uno viejo y hacer que el cerebro conecte similitudes, por lo que los hábitos y la adicción pueden ser bastante difíciles de romper. Sin embargo, al practicar nuevas rutinas y apegarte a los nuevos hábitos que intentas cambiar, la misma región del cerebro crea nuevas conexiones, lo que hace que sea más fácil seguir con los nuevos hábitos de formación. Es mejor tener esto en cuenta si seriamente quieres hacer un cambio necesario en tu vida. Se tarda aproximadamente noventa días para que un hábito se implemente completamente en tu vida, lo que significa que después de noventa días de arduo trabajo para cambiar el viejo hábito, el nuevo se ejecutará en piloto automático. Dicho esto, ¿cómo cambiamos nuestros hábitos y nos apegamos al cambio? El primer paso es determinar qué parte de tu vida quieres cambiar; en tu caso, sería tu desorden mental. Los pensamientos son habituales, por lo tanto, para cambiarlos, debes determinar con cuál de las distorsiones cognitivas que leíste en el capítulo uno tienes más problemas y reemplazarla con una opción de pensamiento más saludable. Sin embargo, no es solo la preocupación excesiva y el pensamiento excesivo lo que contribuye a tu desorden mental, sino también la vida que llevas. ¿Duermes tarde? ¿Comes saludablemente? ¿Estás haciendo suficiente ejercicio? ¿Pasas demasiado tiempo con la tecnología? ¿La compañía que mantienes es solidaria? ¿Hay alguna influencia negativa en tu vida? Todos estos factores contribuyen a tu desorden mental, y para cambiarlos, debes desarrollar y apegarte a diferentes hábitos. Las siguientes son algunas formas de vencer tus viejos hábitos y mantener otros nuevos.

Determina Por Qué No Te Apegas a Tu Nuevo Hábito

Como se mencionó anteriormente, una razón por la cual tu antiguo hábito apareció nuevamente es por tu historial. Independientemente del nuevo hábito con el que intentes reemplazar tus viejos patrones, busca el disparador y desafíalo. Por ejemplo, si uno de los hábitos que deseas cambiar es despertarte más temprano, descubre por qué sigues despertandote tarde para comenzar. ¿Es porque te vas a dormir tarde? ¿Es porque tus pensamientos te mantienen despierto por la noche? Intenta crear un horario de sueño para prepararte para la cama. Este horario puede consistir en:

- Tomar un baño caliente una hora antes de la hora de acostarte
- Comer un refrigerio ligero treinta minutos antes de querer relajarte
- No pasar la mayor parte de tu tiempo en la habitación durante el día (ya que esto puede decirle a tu cuerpo que tu habitación es donde permaneces despierto y no duermes)
- Eliminando la tecnología y el tiempo de pantalla quince minutos antes de relajarte
- Configurar tu alarma para la hora en que deseas despertarte
- Meditando

De lo que debes darte cuenta es de que todos tus hábitos *desencadenan una reacción*. Si tenías un horario diferente antes de irte a dormir, hacer solo una de esas cosas desencadenará tu antiguo hábito. Algunos ejemplos incluyen jugar en tu teléfono antes de cepillarte los dientes o comer una comida completa antes de acostarte; evita estos viejos hábitos para que el nuevo tenga éxito.

Agrupa Los Mismos Hábitos

Si desea cambiar tus patrones de pensamiento negativos, debes descubrir qué los desencadena. Por ejemplo, si estás acostumbrado a pensar demasiado debido a un sentimiento específico, encuentra formas más saludables de lidiar con ese sentimiento y tal vez investiga un poco sobre ese sentimiento. Si estás enojado y la ira provoca que tus pensamientos piensen mal de tu entorno y de las personas que te rodean, descubre *por qué*. Tal vez alguien dijo algo para molestarte, lo que te hizo sentir enojado y hizo que tus pensamientos explotaran y desordenen tu mente. En lugar de dejar que esto suceda, averigua por qué la persona dijo lo que dijo, luego hazte preguntas sobre lo que puedes hacer para no estresarte por eso. El hecho de que alguien piense que estás equivocado no lo convierte en un hecho, sino en una *opinión*. Agrupar los hábitos pasados puede ayudarte a reemplazar los factores desencadenantes y los enlaces a tus hábitos anteriores para que sean más saludables.

Planifica, Programa y Sigue Tus Hábitos

Estar desorganizado es uno de los principales problemas para el desorden mental y resulta en la ruptura de viejos hábitos. Prepara un cronograma para lo que deseas obtener y aborda cada uno diariamente hasta que hayas completado tu lista habitual establecida. Este horario podría verse así:

- Despierta, prepara un batido, sal a correr por la mañana.
- Dúchate, toma un refrigerio ligero, consulta las redes sociales durante veinte minutos.
- Haz algo importante, como ir de compras,

planear la cena, programar qué hacer en el trabajo o limpiar la casa.

- Recoge a tus hijos de la escuela
- Prepara una cena

Planea y prioriza lo que te gustaría hacer e intenta hacer algo saludable para despejar tu mente todos los días. Cuando planifiques tu horario, asegúrate de tener en cuenta cuánto tiempo dura cada tarea. Si no pudiste hacer todo ese día, tal vez hagas una lista de tareas antes de irte a dormir. Antes de pasar al siguiente hábito que te gustaría lograr, permítete un período de preparación mental de cinco minutos para pasar a la siguiente tarea.

Se tarda unos 90 días en crear un hábito, por lo que es mejor hacer un seguimiento de tus hábitos programados. Mira en tu calendario todos los días durante tres meses, y cada día que hayas completado tu hábito diario con éxito, marca la casilla. Todos los días que no, marcas una X, y cada día que hayas hecho la mitad de tu nuevo patrón, haz una barra inclinada (/).

Involucra a Otras Personas

¿Tienes un amigo o familiar que vive una vida similar a la tuya? ¿Crees que podrías comprometerlos a cambiar también? Reúne a tus amigos y haz que se unan a tu planificación diaria habitual. Los nuevos patrones siempre tienen más éxito si tienes a alguien que te aliente y te apoye en el camino. Por ejemplo, habrá días en los que no desees hacer nada, pero si tienes a alguien haciéndolo contigo, puede motivarte a salir de esa mentalidad y continuar.

Para el resto de este capítulo, abordaremos todo lo discutido en este libro como una ayuda para el cuidado cuando te desvías. Piensa en esto como tu recurso cuando fallas o cuando necesitas un repaso sobre qué hacer cuando piensas demasiado. Este último capítulo trata sobre ayudarte a descubrir cómo desarrollar nuevos hábitos y volver a la normalidad cuando cometes un error.

Formas Inmediatas De Matar El Estrés

El estrés puede presentarse en múltiples formas, ya sean trabajo, relaciones personales o una bandeja de entrada desbordada de correos electrónicos y tareas por hacer. No se trata de qué tan ocupada se pone tu vida o qué tan agotado te sientes; se trata más sobre cómo te equilibras y piensas acerca de las elecciones que tomas ante estos factores estresantes. Si la vida se vuelve demasiado y sientes que hay una presión abrumadora, lo mejor que puedes hacer es dar un paso atrás, respirar y reenfocarte en tu objetivo. Los siguientes pasos deberían ayudarte a superar el estrés y a centrarte y volver a encontrarte y vivir una mentalidad despejada.

Vuelve a La Realidad

"voy a quedar mal delante de mi jefe."

"¿Y si mi pareja piensa que no estoy haciendo lo

suficiente?”

“¿Cómo haré para cumplir este plazo?”

“Debo hacerlo lo mejor posible, o éstas facturas se saldrán de control ”

Detente. En medio de la lucha, vemos más cosas negativas y pensamos demasiado en lo peor hasta que estamos fuera de control. Si has aprendido algo en los primeros capítulos de este libro, es que pensar de esta manera solo promueve más estrés, lo que aumenta el desorden mental. Olvídate de eso: piensa antes de presionar enviar en un mensaje de enojo, medita antes de ir a esa reunión importante y respira antes de presionar a tu pareja por algo que no hizo. Da un paso atrás y cuestiona tus pensamientos. ¿Qué te llevó a este punto? ¿Qué va a ayudar? ¿Cómo puedes liberar tu tensión de manera saludable?

Concéntrate En El Presente

¿Recuerdas el capítulo sobre meditación y atención plena? Durante el estrés y los plazos abrumadores, tómate un descanso de cinco minutos para meditar. ¿Tienes un mantra favorito que pueda calmarte al instante? Ahora es el momento de usarlo. Si tienes que usar una excusa para salir a tomar un poco de aire, o si necesitas usar el baño para tomarte un momento de conexión a tierra, házlo. Recuerda los pasos, cierra los ojos, respira hondo o suspira de alivio y presta atención a lo que sucede a tu alrededor y dentro de tí.

- ¿Que puedes escuchar?
- ¿Que ves?
- ¿Qué puedes tocar? ¿Cómo se siente?
- ¿Qué está haciendo tu cuerpo?
- ¿Qué puedes oler?

Dirige tu atención al aquí y ahora como si nada más importara. Tu exigente jefe puede esperar, tu desacuerdo con tu pareja puede esperar y tus hijos pueden esperar. Todo lo que importa eres tú en este momento. Cuando te tomas un momento para volver al presente, puedes entrar en lo que sea que te esté estresando y abordarlo con calma y con una perspectiva más clara.

Confía En Alguien

Como has aprendido en el capítulo siete, hay personas tóxicas a tu alrededor. Con suerte, has tomado medidas para identificar quiénes son estas personas y eliminarlas de tu círculo íntimo. Cuando estás abrumado, puede ayudar hablar con alguien de confianza, alguien que te apoye y te eduque. ¿Hay alguien que se te ocurra? Intenta llamarlo o programar una cita para almorzar. Si el problema es con tu jefe, no pierdas tu tiempo y energía hablando con tus compañeros de trabajo, ya que esto crea un drama que no necesitas, vé directamente a tu jefe. Si tu estrés proviene de tu pareja o un amigo o amiga, confía en alguien que te apoye, pero no en alguien cercano a ambos, ya que es fácil involucrarlos. Si tu estrés se debe a una decisión que tomaste y de la que ahora te arrepientes, tómate un momento para confiar en tu diario y leerlo cuando hayas terminado para obtener una perspectiva diferente.

Combatir el estrés se trata de averiguar de dónde viene y luego enfrentarlo en este momento. Una vez que te hayas calmado, vuelve al momento. Siempre date una palmadita en la espalda una vez que haya logrado esto, ya que le enseña a tu cerebro cómo hacerlo automáticamente. Después de tu día ocupado, recuerda ser tu mejor amigo. Con cualquier otro factor estresante que haya estado picando en la superficie, tómate un momento para escribir y pensar en ellos. Disminuye cada uno y no inventes excusas por las que no puedes hacerlo porque estás demasiado ocupado. No prestar atención al estrés y superarlo poco a poco es como no aprender a desafiar a tu crítico interno. Las voces se hacen más fuertes y el montón de estrés sigue creciendo y creciendo. Solo tú tienes el poder de controlar tu vida y tus pensamientos.

Las Palabras De Afirmación Pueden Sanar El Alma

Una de las razones por las que buscaste este libro fue probablemente porque estabas luchando con el pensamiento excesivo y la negatividad constante, lo que te condujo a una presión excesiva y al desorden mental. En este libro, aprendiste que la positividad es la ayuda para superar a tu crítico interno y despejar tu mente. Todos tenemos días libres y todos experimentamos debilidades de vez en cuando, y parece que no podemos desviarnos de nuestros patrones de pensamiento negativos; Sin embargo, en estos momentos, lo que más buscamos es la positividad. Cuando luchas por encontrar positividad, ¿qué mejor momento hay para abrir tu diario de gratitud y releer tus notas? ¿Qué mejor momento para salir de la depresión? La siguiente lista comprende cinco **afirmaciones** positivas que puedes usar en cualquier momento de tu vida.

"Soy Suficiente"

A menudo, cuando estamos deprimidos, no nos sentimos lo suficientemente bien. Nuestros viejos hábitos se abren paso y luchamos con nuestro crítico interno que justifica nuestros fracasos. Cuando te dices a ti mismo que eres suficiente, te das el amor que nadie más tiene que darte. Todas las presiones de la vida y las inseguridades internas no parecen tan malas porque realmente *eres* suficiente.

"Tengo Todo Lo Que Necesito Para Tener Éxito y Ser Optimista En Este Momento"

Cuando lo piensas, ¿qué necesitas realmente? Necesitamos amor, orientación, protección, seguridad, felicidad y la confianza que solo *nosotros* podemos darnos a nosotros mismos. Confía en que tienes todo lo que necesitas en este momento para tener éxito. Todos los elementos del ser humano están contigo en este momento. Incluso si el mundo parece estar en un lugar oscuro, confía en que mejorará porque *tú* lo mejorarás. Tienes todo lo que necesitas en este momento para tomar la decisión de mantenerte positivo.

"Seguiré Mis Sueños Porque Soy Una Persona Segura"

¿Creciste con compañeros mayores que esperaban demasiado de ti? ¿Fuiste intimidado y te presionaron demasiado? ¿Alguien que amas te dijo que nunca lo lograrías? Olvida todo lo que te ha traído a este mismo momento y recuerda todo lo que has hecho por ti mismo. Cierra los ojos por un momento y libera tu vida de todos los que alguna vez te han influenciado y centra tu atención en ti mismo. ¿Cuánto te has esforzado por hacer cosas no solo para ti sino también para los demás? ¿Cuáles son tus esperanzas, sueños y deseos? ¿Es un hecho que lo que alguien más haya dicho se hará realidad? Lo que haces en este mismo segundo para contar tus sueños y metas futuras es el hecho. Aférrate a esa frase y confía en que seguirás tus sueños porque eso es lo que mereces.

"Tengo El Poder, y Nadie Puede Quitarme Eso"

Siempre tienes el control de tus pensamientos, sentimientos y acciones. Como se mencionó anteriormente, tus pensamientos no definen quién eres o qué haces con tus sentimientos.

Tus comportamientos pueden representar una actitud que las personas pueden o no juzgar. Al permitir que alguien se aproveche de ti y te derribe o te haga cuestionar tus instintos internos, le das poder. En realidad, eres real? Nadie puede forzarte a pensar, sentir o actuar, ya que tienes el poder de determinar tus propias creencias y valores.

"Mi Futuro Es Mi elección, y Mi Elección Es La Felicidad"

Este es mi favorito porque es cierto que todos tienen una opción; aunque no todos eligen ser felices, se necesita tomar conciencia de esta decisión para hacerla realidad. ¿Qué han hecho por ti la tristeza, la ira y la decepción? ¿Qué has ganado al ser infeliz? Pregunte acerca de las cosas que han sucedido debido a tu elección consciente de ser alegre. Cuando puedas conocer la diferencia entre felicidad, tristeza e ira, verá las muchas cosas que se han desarrollado para ti al elegir estar contento.

El optimismo no es lo que haces; Es lo que piensas. El pesimismo no es cómo actúas, sino cómo piensas. Estas cinco afirmaciones pueden atraer positividad en cualquier circunstancia de tu vida. También son excelentes pensamientos de reemplazo para cuando tu crítico interno se vuelve demasiado ruidoso. Parte de ser más optimista en el acto viene con la confianza de creer que eres digno y amado.

Técnicas Para Aumentar La Confianza

Hay muchas cosas que nos retrasan en la vida, ya sean personas tóxicas, estrés abrumador, la necesidad de encajar o la soledad. Sin embargo, la falta de confianza nunca debería ser una de ellas. Muchas personas luchan con confianza porque creen mucho en lo que otros dicen y siguen la imagen de lo que la sociedad espera que sean. Con eso, no es de extrañar que la confianza sea difícil de alcanzar. El auto reconocimiento y la confianza no se pueden lograr de la noche a la mañana, pero podemos trabajar en ello y permitir que se desarrolle más con el tiempo. Aquí hay algunas cosas que puedes hacer todos los días para aumentar tu confianza.

Implemente Una Dieta Bien Balanceada

Se dice que *eres lo que comes*. Para tener más sentido de esta afirmación, significa que si te alimentas de basura, también te *sentirás* como basura. Si consumes una dieta saludable, te sentirás saludable. Una gran variedad de enfermedades mentales derivan de nuestra alimentación, ya que el exceso de azúcar y la nutrición poco saludable se digieren en nuestro intestino. ¿Alguna vez has oído hablar de la **conexión intestino-cerebral**? Tu cerebro está directamente conectado a tus intestinos, y lo que te alimenta a sí mismo va a tu intestino, lo que afecta la forma en que piensas y sientes. Y, como se mencionó, cómo pensamos y sentimos influye directamente en cómo actuamos.

Ejercicio a Menudo

Ya sea yoga, estiramientos, pararse y trabajar, abdominales, sentadillas, correr o cualquier otra cosa que se te ocurra, el ejercicio es un componente necesario para la confianza. Hacer que tu sangre fluya y obtener oxígeno en grupos musculares importantes de tu cuerpo promueve la *liberación de la hormona serotonina*, haciéndote sentir bien. Cuando tus músculos no se mueven o estás constantemente sentado, nuestro instinto humano de productividad disminuye, lo que puede hacernos sentir lentos y deprimidos. La confianza proviene de estar orgulloso de ti mismo y sentirte bien con las cosas que haces. Entonces, cuando veas resultados en tu cuerpo, también los sentirás en tu mente.

Desafíe a Ese Crítico Interno

Siempre volveremos a esto porque es muy importante. ¿Cómo puede alguien estar seguro cuando su mente constantemente lo engaña? Cuando el crítico interno se pone demasiado fuerte, escúchalo y pregúntale de dónde viene. ¿Hay algo que provocó el pensamiento? ¿Estás viviendo en el aquí y ahora? ¿Hay algo que has estado evitando? ¿Qué está causando que el crítico interno hable? Pensar demasiado conduce a hábitos poco saludables que conducen a pensamientos más inútiles. Averigua si hay algo que puedas hacer para cambiar la forma en que piensas y sientes. Si no lo hay, presta atención a lo que está sucediendo en este momento. Más tarde, cuando estés más tranquilo, haz una lista de todos tus miedos y preocupaciones, luego revisa cada uno y encuentra soluciones. Esto ayudará a aumentar tu confianza y cambiar tu estado mental.

Vive En El Momento: Todo El Tiempo

Similar a combatir a tu crítico interno, llegar a este momento es otra técnica para aumentar la confianza y la individualidad. Si bien puede ser difícil, recuerda la práctica de ser consciente y presta atención a lo que está sucediendo en este momento. El pasado es algo de lo que puedes aprender, y el futuro aún no cuenta. Incluso a través de tus mejores esfuerzos para resolver los problemas futuros, nunca tomarás una decisión acertada hasta que la situación se encuentre frente a ti. A veces, es mejor sólo sentarte a no hacer nada hasta tener un estado mental más claro para pensar acerca de tus problemas. La obsesión por cada pensamiento o perspectiva negativa solo desencadenará más puntos de vista negativos, no ayudará a promover la confianza. Intenta vivir cada momento en el presente y enfócate en el ahora. Tú y quienes te rodean lo agradecerán y, en última instancia, te harán sentir mejor y más seguro de tí mismo.

Mantente Fiel a Quién Eres

La confianza se trata de estar bien contigo mismo y sentirte cómodo en tu propia piel. A través de las lecciones de este libro, puede llevar algún tiempo sentirse de esta manera, pero la mejor estrategia para practicarlo es amarte a ti mismo por todo lo que eres.

Mantenerte siendo fiel a ti mismo es lo más atractivo que cualquiera puede hacer por sí mismo y parte del proceso es creer en ti mismo y confiar en tus instintos. Si algo no se siente bien, ve en contra. Si algo se siente mal, no lo cuestiones. Si sientes que tu moral y tus límites están siendo cuestionados, escucha lo que sientes en el fondo y toma la decisión correcta. Incluso si cometes un error, el fracaso es parte de ser humano. Cuando te apegas a tu verdadero ser, la confianza será fácil.

Como se mencionó brevemente, la confianza no puede ocurrir en un abrir y cerrar de ojos porque se necesita práctica para sentirse seguro. Al cuidarse, esforzarse por lograr hábitos más saludables y esforzarse por alcanzar tu máximo potencial en todo lo que haces, desarrollas confianza. Entonces, ¿qué hace la diferencia entre vivir tu vida y vivir una vida segura? Es tu actitud y la intención detrás de todo lo que haces. Si crees que puedes, entonces lograrás la grandeza, ten confianza en eso.

Deshazte Del Desorden Digital: No Lo Necesitas

Hemos hablado de esto en un capítulo anterior: todos sabemos cuán molesta puede ser la tecnología. Cuando intentamos trabajar, nuestros teléfonos o nuestros relojes inteligentes pueden interferir. A veces pensamos que una notificación es importante, solo para que sea algo a lo que nos suscribimos hace mucho tiempo. También hay momentos en los que tienes una discusión acalorada y te tomas un descanso solo para ser notificado de una oferta promocional. O, cuando estamos investigando para tratar de obtener una perspectiva para nuestro propio crecimiento personal, y nos distraemos con una notificación que dice que hay cookies que tenemos que aceptar y nuestro sistema informático se está bloqueando. Con las actualizaciones interminables de aplicaciones en nuestros dispositivos o las noticias y publicaciones sociales en curso que seguimos, *¡nunca termina!* A esto lo llamamos **desorden digital**. Por mucho que no parezca un dolor, realmente puede apoderarse de tu vida si no tienes cuidado. El desorden digital se suma al desorden mental, que luego se suma a los hábitos menos saludables y a las preocupaciones en espiral. La siguiente es una lista de cosas que puedes hacer para ayudar a aliviar tu estrés digital.

Darte De Baja De Noticias Sin Importancia

Cualquier servicio de suscripción que ya no leas ahora es un desorden digital sin importancia. Pudo haber un momento en el que estabas interesado en el fútbol o el crochet debido a algo que leíste. Para continuar leyendo y aprendiendo sobre esto, tenías que suscribirte para recibir las últimas actualizaciones. Con el tiempo, tus intereses han cambiado, pero todavía hay una larga lista de suscripciones vinculadas a tí. Otra suscripción sin importancia es cuando te registraste por primera vez en Facebook, Twitter o cualquier otra red social y te agregan automáticamente en sus correos electrónicos. A menudo, estos correos electrónicos pueden ser molestos y distraerte, por lo que cancelar la suscripción es la mejor política.

Toma El Control De Tu Bandeja De Entrada

No es suficiente revisar tu correo y eliminar correos electrónicos, o incluso deshacerte de ellos para siempre en la carpeta de eliminación. Si deseas limpiar tu bandeja de entrada por completo, házlo de la manera correcta. Agrupa los correos electrónicos de tus remitentes para que puedas ver fácilmente quién está enviando qué y cuánto, en lugar de tener una larga y desalentadora lista de correos electrónicos individuales para revisar. Crea carpetas para avisos importantes y luego haz que tus correos vayan directamente a sus lugares designados a través de tu configuración, o como tu proveedor de correo electrónico esté configurado.

Organiza y Ordena Tu Bandeja De Entrada

¿Es tu escritorio un desorden visual desorganizado y desordenado con atajos volando por todas partes? ¿Tu pantalla está completamente llena de cosas que haz dejado de lado, archivos PDF huérfanos y actualizaciones que crean automáticamente accesos directos de tus instalaciones? Lo primero que debes hacer es escanear cada aplicación de escritorio y acceso directo y moverlo a la papelera de reciclaje. Cuando tengas los más importantes que deseas conservar, muévelos a otro lugar fácilmente accesible en tu computadora. Una vez que lo hayas hecho oficialmente, elimina todo el contenido de tu papelera de reciclaje para que no te importe haber eliminado la aplicación incorrecta. Sin titubear en esto.

Revisa Tus Aplicaciones y Desinstala Las Que No Utilizas

Las aplicaciones están en todas partes, en tu

computadora, tus dispositivos inteligentes, entre otros dispositivos electrónicos. Revisa todos los dispositivos y elimina lo que ya no estás usando. Esto no solo liberará espacio electrónicamente, sino también mentalmente.

Eliminar Tus Descargas

Puedes eliminar todo en tu carpeta de descargas sin interrumpir los otros sistemas en tu computadora. Si es importante, lo más probable es que esté en otro lugar, como un juego que descargaste o tus fotos. Tu carpeta de descargas es sólo un recordatorio de las cosas que descargaste previamente y de que tus nuevas descargas ya tienen un lugar a dónde ir. Una buena estrategia es eliminar el contenido de esta carpeta mensualmente.

Desactivar Las Notificaciones De Distracción

Puedes desactivar las notificaciones en la configuración de tus dispositivos digitales, de forma similar a la cancelación de la suscripción a correos electrónicos. Haz esto para no recibir notificaciones sin importancia.

Echale Un Vistazo a Tu Navegador Web

Tu navegador web es posiblemente el peor de tu desorden mental y digital porque siempre está oculto. Primero, mira tu historial de navegación y elimina los datos sin importancia. Luego, elimina y borra tu caché y todas tus cookies. Finalmente, elimina cualquier complemento o extensión que ya no estés utilizando. Esto acelerará tu navegador web y permitirá una experiencia de investigación más rápida. Es posible que debas buscar más información sobre cómo eliminar tu caché y borrar tus cookies dependiendo del navegador que estés utilizando.

Limita Tu Tiempo De Pantalla

Muchas personas luchan con esto porque la tecnología y los dispositivos digitales se han vuelto adictivos en nuestra sociedad. Siempre queremos saber qué está pasando en el mundo con nuestros seguidores y las personas que seguimos. Queremos mantenernos al día para no perdernos; o si somos un promotor o comercializador, tratamos de mantenernos al día con las últimas modas y ofertas. El peor momento para estar frente a nuestras pantallas es apenas nos despertamos y justo antes de acostarnos. La forma más fácil de reducir el tiempo de pantalla es instalar una *aplicación de tiempo de pantalla* para que pueda controlar su uso. Después de una semana, debes tener una idea de cuánto tiempo pasas frente a la pantalla y comenzar a establecer objetivos para disminuirlo en aproximadamente un 10% cada semana.

Eso es. Desde matar el estrés hasta promover la positividad, derrotar a tu crítico interno y dejar ir más allá del desorden mental, este capítulo lo tiene todo. El desorden digital puede hundir a las personas y hacerles sentir que hay más tareas que hacer de las que realmente hay. Con la creencia de que hay demasiada presión y estrés, lo último que necesitas es ser derribado por demasiada tecnología y distracciones.

Palabras Finales

Piensa en la persona que eras cuando recogiste este libro. ¿Sigues siendo la misma persona ahora después de terminarlo? Probablemente, pero ¿finalmente sabes qué hacer para ser la mejor versión de ti mismo? También es probable que cuando realmente tomes en cuenta todo de lo que nuestros cerebros son responsables, seguramente dirás que es bastante sorprendente. Tu cerebro es parte de ti, lo que también te hace increíble. Espero que después de terminar este libro, no tengas miedo de ser tú mismo, cuidarte y realmente amarte porque eso es todo lo que se necesita para despejar la mente.

Con cada capítulo que hayas leído, puedes descubrir cuál fue el más importante para tí y por qué. ¿Qué mensaje habló más claro? ¿Fue cómo tener confianza y amarte a ti mismo por completo? ¿O fueron las diferentes distorsiones cognitivas negativas que ocurren en tu mente cuando estás luchando contra tu crítico interno? Sea lo que sea, seguramente tienes más información ahora que cuando empezaste a leer este libro. Esto debería darte más claridad y perspectiva. Tu trabajo ahora es descubrir lo que todavía te está molestando. ¿Qué es lo que todavía te está comiendo la mente que no puedes superar y cómo puedes usar este libro como una herramienta para guiarte hacia la oportunidad y el éxito?

Cuando piensas en tu futuro, ¿dónde te ves en cinco años? Donde te ves en diez anos? Parte de salir de la rutina mental en la que te encuentra es imaginar hacia dónde te diriges y luego establecer metas y cambiar hábitos para llegar allí. Piensa en las relaciones en tu vida y determina qué amigos y familiares están aquí para apoyarte. Piensa en tu carrera y descubre si te hace feliz. Si no estás contento, pregúntate qué más podrías hacer para sentirte mejor contigo mismo. La vida es una montaña rusa emocional y mental, pero no tiene por qué serlo si despejas la mente y buscas oportunidades frente a ti.

En la introducción, te prometí que aprenderías a despejar tu mente para que pudieras ser la mejor versión de ti mismo. Afortunadamente, a través de los pasos descritos en este libro, puedes ver a través de las mentiras en las que tu mente te atrapa para poder traer tu mejor yo a la superficie. La solución es simple; Si el desorden digital te distrae, disminuyelo. Si te rodean personas tóxicas, disminuye el contacto con ellos. Si luchas con tu confianza, date tiempo y paciencia para llegar allí. Si llevas una vida ocupada, cámbiala. Muchas personas se excusarán por el cambio porque le tienen miedo. Sin embargo, la elección fue tuya al principio, es tuya ahora, y seguirá siendo tuya, años después de este momento: puedes dejar que el miedo te controle o puedes usarla para crecer y florecer en la vida.

En el capítulo uno, aprendiste que **la dilación y**

la evasión pueden aumentar el desorden mental. Leíste que el **pasado, el presente y el futuro pueden jugar un papel importante** en por qué te sientes tan atado. En el capítulo cuatro, aprendiste que la única forma de vivir en el momento presente es **practicar la meditación**. El capítulo uno explicó los **patrones de pensamiento negativo**, y el capítulo cinco te ayudó a definir tu **voz crítica interna** y te enseñó a cómo **desafiar esos pensamientos**. En el capítulo dos, aprendiste cuánto puede pesar el **estrés** en tu mente y tu bienestar físico. Este capítulo fue quizás el más importante para prestar atención al definir qué causa tu desorden mental, ya que el estrés es la cosa de la que es más difícil escapar. Para ir más allá, el capítulo siete describió las **herramientas y técnicas que puedes utilizar para disminuir el estrés y la ansiedad no saludables.**

A veces, todo lo que se necesita es que cuentes hacia atrás desde diez o salgas a caminar para despejar tu mente. El capítulo tres explica **el mito detrás de por qué te sientes tan ocupado**, y por eso sientes que no tienes tiempo para ti. Sin embargo, tomarte un tiempo para ti, como has aprendido, es crucial para la paz interior y la felicidad. Cuando miras tu horario, puedes ver que está ocupado, pero siempre hay algo de tiempo justo antes de irte a dormir para darte el amor que tanto necesitas.

Incluso con tus mejores esfuerzos para despejar tu mente ocupada y estresada, tus relaciones pueden jugar un papel muy importante en desanimarte, justo cuando sientes que lo estás haciendo mejor. En el capítulo seis, aprendiste sobre **cómo identificar a personas tóxicas** y cómo es una relación saludable. Si tienes honestidad, confianza, respeto e independencia en tu vida personal, será natural que mantengas este poder, compartiendo tu vida con cualquier otra persona. No olvides las **habilidades efectivas de comunicación** que el capítulo seis también te ha explicado.

Si tomaras algo de este libro y lo usaras en tu vida diaria, te pediría que marques un capítulo y sigas sus reglas y estructura. Toda la información que se te proporcionó contenida en este libro, fue información para ayudarte a comprender el desorden mental. Los últimos cuatro capítulos te dieron estrategias para usar en tu vida diaria. Para mí, aprender sobre la toxicidad y las personas con las que me rodeaba eran cosas que necesitaba para seguir viviendo. Siendo una persona empática, siempre creí lo mejor de las personas. Tal no es una maldición, ni tampoco es necesariamente una bendición; Sin embargo, amo a las personas y tener personas de apoyo a mi lado en las buenas y en las malas, que es lo que me ayuda a mantener la paz. Un mensaje para mí que llevo a casa es ser tú mismo en todos los aspectos de tu vida. No seas un seguidor, no sucumbas a lo que la sociedad espera de ti. Solo sé tú y hazlo sin pedir disculpas.

Salud.

Fuentes

Best, J. (2018). Orden Mental. *Association of Professional Declutterers and Organisers*. Recuperado de: https://www.apdo.co.uk/mental-clutter/

Bradberry, T. (2015). 5 formas de organizar tu mente para maximizar tu productividad. *World Economic Forum*. Recuperado de: https://www.weforum.org/agenda/2015/11/5-ways-to-organize-your-mind-for-maximum-productivity/

Brock, F. (2019). El unico principio que necesitas para ordenar tu mente para siempre. *Becoming Minimalist*. Recuperado de: https://www.becomingminimalist.com/declutter-your-mind/

Burkeman, O. (2016). Por qué te sientes ocupado todo el tiempo (cuando en realidad no lo estás). BBC. Recuperado de: http://www.bbc.com/future/story/20160909-why-you-feel-busy-all-the-time-when-youre-actually-not

Cherry, K. (2019). Entendiendo la psicología del pensamiento positivo. *Verywell Mind*. Recuperado de: https://www.verywellmind.com/what-is-positive-thinking-2794772

Chen, W. (2016). Cómo recablear tu cerebro para tener mas positividad y felicidad. *Buffer*. Recuperado de: https://buffer.com/resources/how-to-rewire-your-brains-for-positivity-and-happiness

Chua, C. (n.d.). 6 maneras probadas de apegarte a nuevos hábitos. *Lifehack*. Recuperado de: https://www.lifehack.org/articles/featured/6-proven-ways-to-make-new-habits-stick.html

Craig, H. (2019). 10 de construir confianza en una relación. *Positive Psychology*. Recuperado de: https://positivepsychology.com/build-trust/

Cummings, H. (2017). El efecto de las redes sociales en el cerebro. *Collegiate Times*. Recuperado de: http://www.collegiatetimes.com/lifestyles/the-effect-of-social-media-on-the-brain/article_f27b5a1e-b999-11e7-bfc2-77d77ccdf0b1.html

Desy, P. I. (2019). Tres causas de desorden mental. *Learn Religions*. Recuperado de: https://www.learnreligions.com/causes-of-mental-clutter-1729494

Dowling, D. (n.d.). 4 ways to be your own best friend. *Mind Body Green*. Recuperado de: https://www.mindbodygreen.com/0-15298/4-ways-to-be-your-own-best-friend.html

Gates, D. (n.d.). Por qué los viejos hábitos son duros de matar! *Body Ecology*. Recuperado de: https://bodyecology.com/articles/why-old-habits-die-hard/

Goodlet, N. (n.d.). 5 maneras de volverte tu propio mejor amigo. *Lifehack*. Recuperado de: https://www.lifehack.org/articles/lifestyle/5-ways-become-your-own-best-friend.html

Hurst, K. (2018). 5 afirmaciones poderosas para la felicidad y la positividad instantanea. *The Law of Attraction*. Recuperado de: http://www.thelawofattraction.com/5-powerful-affirmations-for-happiness-now/

Inner IDEA. (n.d.). Meditation 101: Techniques, benefits, and a beginner's how-to. *Gaiam*. Recuperado de: https://www.gaiam.com/blogs/discover/meditation-101-techniques-benefits-and-a-beginner-s-how-to

Kenison, K. (2000). Por qué debes pasar tiempo solo. *Oprah*. Recuperado de: http://www.oprah.com/spirit/why-you-must-have-solitude-and-time-for-yourself/all

Klein, S. (2013). Adrenalina, cortisol, norepinefrina: Las tres hormonas del estrés más importantes, explicado. *Huffington Post*. Recuperado de: https://www.huffingtonpost.ca/2013/04/19/adrenaline-cortisol-stress-hormones_n_3112800.html

Mansfield, B. (2018). El enlace entre el desorden y el estrés (Cómo despejarte): El desoren causa estrés. *Your Modern Family*. Recuperado de: https://www.yourmodernfamily.com/clutter-causes-stress/

McGauran, D. (2019). 7 maneras de reencuadrar tus pensamientos. *ActiveBeat*. Recuperado de: https://www.activebeat.com/your-health/women/7-ways-to-re-frame-your-thinking/?streamview=all

McGauran, D. (2015). 12 patrones de pensamiento negativos que hacen estragos en tu vida. *ActiveBeat*. Recuperado de: https://www.activebeat.com/your-health/12-negative-thought-patterns-that-play-havoc-in-life/12/

Morin, A. (2019). Cómo es utilizado el reencuadre cognitivo en la salud metal. *Verywell Mind*. Recuperado de: https://www.verywellmind.com/reframing-defined-2610419

Morin, A. (2016). Así es como tus pensamientos se vuelven tú realidad. *Forbes*. Recuperado de: https://www.forbes.com/sites/amymorin/2016/06/15/this-is-how-your-thoughts-become-your-reality/#7e672492528a

Morin, A. (2019). 10 maneras simples de tener pensamientos positivos siempre. *Lifehack*. Recuperado de: https://www.lifehack.org/articles/communication/10-tips-make-positive-thinking-easy.html

Nazish, N. (2018). Cómo sobrellevar la fatiga mental, de acuerdo a un experto. *Forbes*. Recuperado de: https://www.forbes.com/sites/nomanazish/2018/09/25/how-to-overcome-mental-fatigue-according-to-an-expert/#1159fd621644

Neustaeter, B. (2016). 10 cosas que tienen mas importancia que el amor en una relación. *Narcity*. Recuperado de:

https://www.narcity.com/ca/on/toronto/dating/10-things-that-are-actually-more-important-in-a-relationship-than-love

Nicholas, R. (2017). ¿Cómo afectan mis pensamientos en mi vida? *Charis Counseling Center*. Recuperado de: https://www.chariscounselingcenter.com/blog/how-do-my-thoughts-impact-my-life/

Oppong, T. (2017). La ventaja de la mentalidad: Cómo tu tu encuadre mental afecta tu comportamiento y tus actos. *Medium*. Recuperado de: https://medium.com/the-mission/the-mindset-advantage-how-your-mental-frame-affects-your-behavior-and-performance-1b08aa4c2d97

Paudyl, N. (2014). 9 ejercicios que deberías practicar cada día para aumentar tu confianza. *Lifehack*. Recuperado de: https://www.lifehack.org/articles/productivity/9-exercises-you-should-practice-every-day-boost-your-confidence.html

Scott, E. (2019). Cómo se desencadena tu respuesta al estrés. *Verywell Mind*. Recuperado de: https://www.verywellmind.com/what-is-a-stressresponse-3145148

Segal, J., Smith, M., Segal, R., & Robinson, L. (2019). Síntomas de estrés signos y causas. *HelpGuide*. Recuperado de: https://www.helpguide.org/articles/stress/stress-symptoms-signs-and-causes.htm

Simon, J. (2013). Mata el estrés en 5 minutos o menos. *Medium*. Recuperado de: https://medium.com/texas-mccombs/kill-stress-in-five-minutes-or-less-1985df4b6f08

Singleton, C. (2019). Desorden Digital — 15 maneras de volverte más productivo y menos distraído en 2019. *Style Factory*. Recuperado de: https://www.stylefactoryproductions.com/blog/declutter-your-digital-life

Smith, E.-M. (n.d.). ¿Qué es el pensamiento negativo? Como destruye tu salud mental. *Healthy Place*. Recuperado de: https://www.healthyplace.com/self-help/positivity/what-is-negative-thinking-how-it-destroys-your-mental-health

SoP. (2016). El sistema Límbico. *The Science of Psychotherapy*. Recuperado de:

https://www.thescienceofpsychotherapy.com/the-limbic-system/

Stevenson, A. (2019). Hábitos cotidianos que agotan tu energía y te hacen sentir lento. *Health Prep*. Recuperado de: https://healthprep.com/living-healthy/8-everyday-habits-that-zap-your-energy-and-make-you-feel-sluggish/2/?utm_source=google&utm_campaign=1698316511&utm_medium=search&utm_term=overwhelming%20exhaustion&utm_content=66177941437

Qué es la Disociación y Qué Hacer al Respecto? (2012). *WA State CBT+*. Recuperado de: https://depts.washington.edu/hcsats/PDF/TF-%20CBT/pages/7%20Trauma%20Focused%20CBT/Dissociation-Information.pdf

7 Tipos de Personas Tóxicas y Cómo Descubrirlas. (n.d.). *Science of People*. Recuperado de: https://www.scienceofpeople.com/toxic-people/

www.ingramcontent.com/pod-product-compliance
Lightning Source LLC
LaVergne TN
LVHW091409190726
843491LV00006B/1345